全国"十二五"教育部重点课题
上海市教育综合改革项目
杨浦区"生命教育一体化"项目

生涯教育系列课程读本

启航

——我的生涯我做主

倪京凤　徐向东　顾　岗　主编

上海教育出版社
SHANGHAI EDUCATIONAL
PUBLISHING HOUSE

编 委 会

主　任：邵志勇

副主任：朱　萍　徐佑翔　张海森

主　编：倪京凤　徐向东　顾　岗

编　委：（按照姓氏笔画排列）

　　　　万　燕　甘志筠　朱　珠　陈兆女

　　　　杨艳芳　邹玉文　林婧婧　顾宇雯

序　言

　　生命是上天赐予我们最丰盛的礼物。

　　教育是积极促进个体生命自我成长的活动，是使人的生命不断丰富、提升、完善的过程。

　　生命教育追求的是培养学生成为认识与了解生命、珍爱与享受生命、提升与完善生命的个体，以促进其生命素养的发展。让每一个人都成为"我自己"，都能最终实现"我之为我"的生命价值。既关乎人的生存与生活，也关乎人的成长与发展，更关乎人的本性与价值。

　　2014 年，杨浦区全面启动"学校生命教育区域试点工作"，探索生命教育开展的新途径、新方法。几年来，杨浦区的"生命教育"几乎影响到了全区每一个中小学生，我们以责任与坚守努力让"生命教育一体化"这颗种子在杨浦这片土壤上茁壮成长。

　　研究中我们发现，生命教育涵盖着多重主题的教育实践领域，是地方课程与学校校本课程开发与建设的重要主题和领域。而生命教育课程化是一种普及面广、可操作性强的有效载体。为此，我们致力于研发一套完整性、连贯性、层次性兼备的《生命教育系列丛书》，与已有课程相互配合，搭建从肯定、珍惜个人自我生命价值，到他人、社会乃至自然、宇宙生命的互动与伦理关系等有机渗透的课程内容。引导学生在"天、人、物、我"四者正确、和谐、平衡的关系中，认识生命的本质、意义及价值，建立尊重、珍惜、关怀生命的理念。

　　丛书凝聚着全体编写人员的心血与智慧，对于推动我区生命教育一体化项目将有着重要的价值。

　　我们期待丛书能成为学校、家庭、社会开展生命教育的参考读本，祝福我们的学生、老师和家长能从中受益良多，获得历久弥新的生命启迪。

邵志勇

目　录

1. 优化你的人际

人生最美好的东西，就是他同别人的友谊。

——林肯

 启明星

20世纪40年代，由于战争原因，很多孩子失去了父母，成为沿街乞讨的孤儿。美国一位心理学家丹特士就尝试做了这样的实验：他收留一些孤儿，把他们安排在一个特殊的实验室，实验期间不许他们有任何交往的机会，也不给他们任何的条件刺激，想看看他们智力的发展变化。三年后，这个实验由于受到社会强烈的谴责而被迫停止。但这些孩子由于在关键阶段缺乏正常的人际交流，不被别人注意、照顾和爱护，无法与他人交往，也无法与他人发展稳定的亲密关系，因此很多人的智力发展出现障碍。

亲爱的同学，你觉得这则故事说明了什么？也许，刚进高中的你，觉得自己一个人独来独往也没什么不好；也许，你虽然很想尽快融入这个新的班集体，但一与人打交道就容易紧张或羞于主动开口，我们该如何解决这个问题呢？

没有一个人可以不依靠他人而独立生活，这本就是一个需要互相扶持的社会，谁先主动伸出友谊的手，谁就在人际交往中先成长了一步。伸出手后，你会发现原来可以有这么多的朋友，可以拥有这么多的快乐。良好的人际关系对于我们高中生的健康成长非常重要。一个人如果能生活在温馨的集体环境中，与老师、同学建立和谐的关系，他就会消除孤独感，保持情绪的平静和稳定。否则，就会感到孤独和压抑，进而影响学习、生活，影响我们的心理健康。所以同学们，进入一个新的集体，应该主动友好地与新同学交往，尽快建立和谐友好的人际关系。

人际交往

人际交往是人与社会即个体与个体，或者个体与群体之间通过一定的沟通方式，包括语言、肢体动作等进行接触和交流，并在行为和心理上相互作用、相互影响、相互适应的过程。

人际距离

人际距离的远近范围是什么？

心理学家霍尔指出，人际关系不同，交往时的时空距离也不同。一般分为四种人际关系距离：

亲密距离为 0.5 米以内，可以感受到对方的体温、呼吸与气味，通常是父母与子女、恋人、夫妻之间的距离；

朋友距离为 0.5—1.2 米，以便彼此之间深谈或传递细微的表情；

社会距离为 1.2—3.7 米，是相识的人之间的距离，一般的交往都在这个距离之内；

公众距离一般为 3.7 米以上，是陌生人之间的距离。

显然，人际距离的变化，是双方当事人沟通时，肢体语言上的一种情感性的表现。彼此熟悉，就亲近一点；彼此陌生，就保持距离，如一方企图向对方接近，另一方将自觉地后退，仍然维持相当的距离。

首因效应

首因效应，是人与人在第一次交往中给他人留下的印象，也是在对方的头脑中形成并占据主导地位的效应。首因效应也叫首次效应、优先效应或第一印象效应。首因效应的持续时间长，对事物整个印象的产生作用最强。

晕轮效应

晕轮效应，又称光环效应，属于心理学范畴。晕轮效应指人们对他人的认知判断首先是根据个人的好恶得出的，然后再从这个判断推论出认知对象的其他品质的现象。

在人际关系中则表现为：若一个人最初被认定是好的，则他身上的其他品质也都被认为是好的，类似爱屋及乌的原理，它指个人在敬仰、爱慕他人过程中所形成的夸大了的社会认知，这在爱情和偶像崇拜中最明显。

蝴蝶效应

蝴蝶效应，是指在一个动力系统中，初始条件下微小的变化能带动整个系统的长期的巨大的连锁反应。它是一种混沌现象，说明了任何一个微小的变化都在并且能影响事物的发展。

在人际关系中，蝴蝶效应可以指与一个看上去无关紧要的人的谈话或者相关活动，在经过许多的连锁反应之后，给你带来的让人惊喜的社会关系。

交友良方

人际交往中的黄金法则：
你想人家怎样待你，你也要怎样待人。
人际交往中的白金法则：
别人希望你怎样对待他们，你就怎样对待他们。

看似很简单的法则，也常常被人们忽视，但它们却是我们处理好人际关系、获得人生成功的法宝。

心理学家戴尔·卡耐基在其著作《如何赢得友谊及影响他人》中，根据大量来自实际生活的成功经验，总结出给人留下良好第一印象的六条途径：

（1）对别人真诚地感兴趣；

（2）给人以真心的微笑；

（3）记住别人的名字；

（4）做一个耐心的倾听者；

（5）鼓励别人谈他们自己；

（6）谈论别人感兴趣的事情，以真诚的方式让别人感到他很重要。

 ## 探之旅

抱一抱　互动游戏

喊数抱团

游戏方法：请同学们站成一个圆圈，随着音乐节奏随意走动，当老师喊出数字时，同学们应立即与邻近的同伴按所喊数字抱成一团，剩下没有及时抱成团的人则被淘汰。

你参加游戏的感受是：

朋友有缘千里来相会

活动过程：

活动时间为十分钟。学生先填好自己的信息卡，内容包括姓名、出生年月、身高、喜欢听的歌曲、喜爱的运动五项信息，然后拿着自己的卡片和笔向其他同学询问并登记与自己有相同信息的人。看看谁登记的人最多。

通过这个游戏，你有什么感悟？

我的感悟是：

测一测

你与人谈话时，是否也有过这样的情况？现在，请你默默问自己几个问题，并做出回答。（填上"是"或"否"）

1. 与对方交谈时，我会想其他的事情吗？　　　　　　　　　（　　　）
2. 我是否会时常找不到话题？　　　　　　　　　　　　　　（　　　）
3. 我是否时常有想不出好的措辞的时候？　　　　　　　　　（　　　）
4. 我是否常想中断谈话或打断对方的讲话？　　　　　　　　（　　　）
5. 当对方打断我的谈话时，我会焦急或愤怒吗？　　　　　　（　　　）
6. 我讲话时，其他人是否有些坐立不安？　　　　　　　　　（　　　）
7. 交谈时，我与别人争执的情形是否比较多？　　　　　　　（　　　）
8. 在交谈时，我是否会尽可能地避免无谓的争执？　　　　　（　　　）
9. 交谈时，我是否会做些不必要的动作，如剪指甲、摸耳朵等？（　　　）
10. 交谈中，我是否会自作主张，为对方下结论？　　　　　　（　　　）

我觉得我做得比较好的地方是：_____

有待改进的地方是：_____

心港湾

　　人际交往看似是一门很高深的学问，但只要我们真诚、主动、不封闭自我，并适当运用人际关系交往的一些技巧，如微笑、倾听、赞美等，用心去交往，以诚待人，就可以处理好许多人际关系问题，人缘就能更上一层楼！

　　建立良好的人际关系，形成健康的心理，对于我们的学业发展甚至一生的发展都有着重要的作用。在交往中，我们还可以倾诉个人的喜怒哀乐，及时宣泄和消除自己的负面情绪等，在心理上形成一种归属感和安全感，使自己保持积极健康的心理状态，身心愉快地投入到高中三年的学习生活中。

 小拾贝

你在未来的人际交往中还有哪些想尝试的方法和技巧，请写下来。

 瞭望台

　　1.《非暴力沟通》，马歇尔·卢森堡著，阮胤华译，华夏出版社（2018年）

　　2.《卡耐基说话技巧与人际交往》，卡耐基著，李锦清编译，北京时代华文书局出版（2014年）

　　3. 电影《当幸福来敲门》，加布里尔·穆奇诺导演（2008年）

2. 发现多面的"我"

　　人生如一本厚重的书，有些书是没有主角的，因为我们忽视了自我；有些书是没有线索的，因为我们迷失了自我；有些书是没有内容的，因为我们埋没了自我。

——莫言

启明星

　　弗洛伊德，20 世纪最著名的心理学家之一。他是聪明、努力、富有批判意识的精神科医生，也是野心勃勃、渴望功成名就的冒险家。他一生充满争议，却无惧争议，闯出了一番新天地，成为精神分析学派的创始人和奠基者。

　　生于底层犹太家庭的他，从小学习刻苦，成绩一直名列前茅，年仅 17 岁就考取了维也纳大学医学院。如果家境富裕，他可以过上自己最理想的生活——从事自己醉心的研究工作，成为一名无可争议、德高望重的学者。可是，现实中的弗洛伊德生活得很窘迫，他必须为自己寻找一条改变阶层、提高生活水平的道路——那就是离开研究所，去医疗一线工作，尽快开办一个自己的私人小诊所。

　　这条路充满了曲折和坎坷。为了迅速成名、积累足够的临床经验，弗洛伊德去了脑损伤科，开始了对可卡因的实验。他不仅自己服用，还一直在医学圈里宣称它有止痛和抗抑郁的作用。直到他的好友死于可卡因成瘾，他才意识到这种药物对于神经系统的毁灭性危害。但弗洛伊德没有因此而消沉，他强制戒掉了毒瘾，转而尝试以谈话、内省的方式治疗精神类疾病的研究，并发现这种方法对于治疗癔症极具价值，从而坚定了自己的研究方向。在坚持了两年的自我分析之后，他把结论编纂成《梦的解析》一书，最终取得了学术上的巨大成就。

　　亲爱的同学，你是否有过这样的体会？时而积极上进，热爱学习和运动，渴望冒险刺激；时而感怀世事，觉得百无聊赖，努力拼搏却不知有何用？今天想要济世救人，明天又觉得管好自己就行……

　　学会与内心深处的"你"对话，问问自己，想要怎样的人生？

航海图

很多人可能会有这样的疑问：我是谁？我从哪儿来？我要做什么？我想成为一个怎样的我？我和这个世界是怎样的关系？

这些疑问的产生是一个标志，是一个人觉察自我存在的标志，是认识自己，认识自己与周围世界的关系，建立起自我意识的标志。

自我意识从发生、发展到自我稳定，一般需要 20 多年的时间。纵观自我意识的形成发展，一般可以分为四个阶段：萌芽期、形成期、发展期、完善期。

当自我意识逐渐稳定之后，会形成多个"我"的维度。

现实自我与理想自我

心理学家罗杰斯提出人有两个"自我"的概念。一个是现实自我，另一个是理想自我。

现实自我是个人在与所处环境的相互作用中，表现出的对环境的真实感受和实际行动，它是对实际生活的最直观、最真实的反馈。理想自我是个人为满足内心需求，对现实环境进行"粉饰"后，建立起来的理想化意识，它是个人认为"应当是"或"必须是"的理想状态。

理想自我与现实自我的差别，在于是否把他人和社会的要求，如价值评判、道德规范等纳入意识范畴。

虽然，现实自我是对现实的直射，理想自我是对现实的折射，但罗杰斯认为，只有充分实现两者的和谐共存，才能促进人格的完善。

自我意识刚产生的时候，我们是没办法对现实自我和理想自我进行清晰界定的。例如，一个人如果在所处的环境中总是受挫，就会变得自卑而敏感，他渴望改变这种状况，让自己成为一个自信、从容的人。这其中所表现的自卑敏感是现实自我，自信从容是理想自我。但是，此时他的自我意识还是表现为现实自我强大，而理想自我屡弱。

如果，这个人的渴望给予了他足够的勇气，强大的韧性让他不断克服自卑，向着理想自我努力，就会日渐自信、从容，只有接受了自己曾经的弱小和失败，才能直面生活、自信前行。在这个过程中，现实自我和理想自我之间的强弱关系不断变化，理想自我的力量逐渐增强，两者之间的力量趋于平衡状态。理想自我与现实自我的逐渐协调，正是人格逐步完善的过程。

8

投射自我

社会心理学家库利提出，人还有一个"镜中之我"，即投射自我或称镜中自我，是想象中他人对自己的看法和评价，它与现实自我可能存在差距，也就是说，自己对自己的看法和想象中别人对自己的看法往往是有差距的。

但是，投射自我对于现实自我的形成、发展起着重要的作用。人们总是以他人对自己的看法和评价作为重要参考形成自我概念。父母教养方式、家庭成员之间的互动、同伴关系、学校教育等环境因素的叠加，会加速投射自我的发展。

每个人都是另一个人的一面镜子，通过他人对自己的意见和态度，可以反观自身，形成自我的观念。在想象别人对自己是好感还是厌恶，认为自己是骄傲还是谦卑时，他必然会做出改变，以期与对方协调。投射自我标志着一个人能够把自己视为一个对象，站到别人的角度看自己。自我判断、评价与别人的评价越接近，说明一个人的自我意识越强。

虽然想进入 A 圈，现实中却玩在 B 圈，当他人以 B 圈标准对你进行评价，你的第一反应可能是不认可。你会想，我并不是这样的，我内心有其他的想法，然而你没有看到。可是，如果把这个你放入"镜子"之中，你站在"镜子"的对面看自己，是否会有不一样的感受？"原来我身上已经印刻了那么多痕迹。""虽然并不想承认，其实我真的就是这样的人。""好吧，承认吧，我就是这样的人。"

所以，在生活中，别人怎么看你、怎么议论你，都在照射着你人格的优缺点。对此，你只有不断改进，方可完善自己。成人的人格完善本质就是自己和自己的战斗。

"不成熟—成熟"理论

心理学家克里斯·阿吉里斯曾概括指出：一个人从婴儿到成人，从不成熟到成熟，心理层面主要经历七个方面的变化。

1. 从被动状态变为主动状态。
2. 从依赖性变为独立性。
3. 从少量的行为变为具有复杂的动作和行为。
4. 从兴趣浅薄变得兴趣较强烈而又较深刻。
5. 从目光短浅变成目光较远大。
6. 从安于从属地位变成力争平等与优越的地位。
7. 从缺乏自我意识和无自知之明变成具有自我意识且能自我控制。

自我意识的发展，也是"从不成熟到成熟"的，只有增加我们对这个世界的积极体验，才能更好地促进自我意识的发展和完善。

比如说，当你学习觉得特别疲累的时候，却听到父母、同伴、老师说"不能休息""别浪费时间""你做错了""你怎么这么笨"之类的话，你会有什么感受？

现实自我强的人会觉得，我就是比较容易疲劳，得先满足休息的需求；理想自我强的人会觉得，咬咬牙总能挺过去，时间就是挤出来的。投射自我强的人，会更关注周围人的意见，以他人的评价标准作为基准调节休息时间。

当我们以更加积极的视角来看待现实自我，发掘内在需要，寻找到更多的积极有效的方法，协调现实自我需要和理想自我需要之间的差距，逐渐从他人督促向自我督促变化，发挥投射自我的积极能量增强自我控制能力，这样，自我意识才能得到跨越式发展，迈向成熟。

 探之旅

填一填 个性名片

让我们一起来完成下面这张个性名片，你只需按照自己的实际情况来填写，它会帮助你全面地了解自己。

_____号 个性名片			
自画像	介 绍		
	气质特征：		
	性格特征：		
	最喜欢的三件事：		
	最讨厌的三件事：		
你希望给他人留下的印象：			

性格描述参考词汇：善解人意、值得信赖、理想主义、热情、大胆、人缘好、活泼、勇敢、温柔、思虑周详、情绪化、细心、主动积极、诚恳、慷慨大方、外向、内向、腼腆、独立、风趣幽默、任性、易冲动、依赖性强、责任心强……

个性名片的内容包括了自我认识的各个方面，既有外部形象，也有自我剖析，还有理想状态。当你发现哪一部分有些难写的时候，不妨在平时多留心挖掘一下。

写一写　猜猜他/她是谁？

你眼中的自己和同学眼中的你会有出入吗？让我们通过一个小活动来测试一下。

方法：将全班同学的个性名片进行展示，同学们轮流浏览每个人的个性名片。每阅读完一张名片，猜猜名片的主人是谁，在名片的背面写上答案，然后写出此人给你留下的印象，最后签上你的大名。

此人给你留下的印象为？（请正面描述）	你猜此人是谁？	请签下你的大名

你是不是发现自己理想中的形象和他人认识的不太一样？其实人对自己的认识是一个不断探索的过程。因为每个人的自我都有四个部分：

公开的自我——透明真实的自我，这部分自己很了解，别人也很了解；

隐藏的自我——自己了解但别人不了解的部分；

盲目的自我——自己不了解但别人了解的部分；

未知的自我——别人和自己都不了解的潜在部分。

通过与他人分享隐藏的自我，通过他人的反馈减少盲目的自我，人对自己的了解才会更全面、更客观。

心港湾

大千世界，不会有两张一模一样的面孔，只要你仔细观察，总会有细微的差别。同是走兽，兔子娇小而青牛高大；同是飞禽，雄鹰高飞而紫燕低回。只要你的脚还在地面上，就别把自己看得太轻；只要你还生活在地球上，就别把自己看得太大。

 小拾贝

罗曼·罗兰说："四十年后你再翻一翻自己年轻时代的内心'日记'，你常常会感到惊奇，你在那里发现了另外一个人，他的存在几乎已被你忘却，他似乎完全是一个陌生人……我在自己面前看到一个陌生人，他挂着我的名字，并且像……不，他不像我，而像我认识的另外一个人。他是谁呢？"

思考一下，未来你想偶遇一个怎样的"你"呢？

 瞭望台

1.《心理学导论》，约翰·W·桑特罗克著，吴思为、岳盈盈、赵敏、陶塑等译，上海社会科学院出版社（2011年）

2.《高中生生涯规划》，朱珠、万燕主编，上海交通大学出版社（2013年）

3. 电影《流浪地球》，郭帆导演（2019年）

4. 电影《歌舞青春》（共三部），肯尼·奥特加导演（2006年）

3. 我心向往

一个深广的心灵总是把兴趣的领域推广到无数事物上去。

——黑格尔

 启明星

李想曾是汽车之家（北京泡泡信息技术有限公司）的首席执行官。

李想上高一时很喜欢电脑。父母给他买了台电脑，被他拆得七零八碎的，他想看看里面的硬件到底是怎么回事。放学之后他就去当地的电脑城给老板们打杂，学习各种电脑的软硬件知识。

当电脑硬件知识有所积累之后，他开始给《电脑报》、《计算机世界》等报刊撰写稿件。之后，他建立了专门介绍电脑软硬件知识的个人网站。每天放学一放下书包，他就饶有兴趣地去更新网站内容。他的网站逐渐有了访问量，5 个月后访问量达到每天 1 万人次。

高三时，他放弃高考，和朋友合作，专门做网站 PCPOP，即电脑泡泡网站。他们的网站内容都是原创的，更新速度非常快，吸引了大量客户。2005 年泡泡网成为第三大中文 IT 专业网站，市场价值 2 亿元。这一年，李想 24 岁，创业 6 年。

回顾李想的发展轨迹，起点就是对探索电脑各类软硬件的极大兴趣。

> 亲爱的同学，李想的人生故事对你有启发吗？你能正确认识自己吗？你的兴趣是什么？优势是什么？你准备选择怎样的发展方向？

航海图

在生活和学习中，我们在感兴趣的领域更容易体验到乐趣和满足，变得积极主动，也勇于挑战自我，不畏艰险。良好的兴趣是个体成长的内在原生动力。

我的兴趣岛

假设你现在有一个机会可以在以下的六座岛中选一座去休假半年，请根据下方对这六座小岛的描述，凭借自己的兴趣爱好选择你愿意前往的岛屿。

六个兴趣岛各具特色

岛　屿	特　点	当地居民性格
R 岛	岛上自然生态良好，有各种野生动植物。	以手工见长，喜欢户外运动。
I 岛	岛上有多处图书馆、科技馆及博物馆。	喜好观察、学习、思考、分析，崇尚和追求真知。
A 岛	岛上充满了艺术馆、音乐厅、酒吧、雕塑和街头艺人，弥漫着浓厚的艺术文化气息。	喜欢舞蹈、音乐与绘画，天性浪漫热情。
S 岛	岛上有密切互动的服务网络，人们重视互助合作，重视教育，关怀他人，充满人文气息。	个性温和、友善、乐于助人。
E 岛	岛上经济高度发展，处处是高级酒店、俱乐部、高尔夫球场。	善于说服他人，能言善道，影响力强。
C 岛	岛上建筑高科技且现代化，是进步的都市形态。	个性冷静保守，处事有条不紊，善于组织规划，细心高效。

你选择的岛屿是_____

兴趣是一种带有情感色彩的认识倾向，它以认识和探索某种事物的需要为基础，是推动我们去认识事物、探究事物的一种重要动机，是一个人学习和生活中最活跃的因素。一个人从事感兴趣的事情时，会发自内心地感到快乐和满足，不畏艰险、不畏辛苦。兴趣是一种力量，它可以使一个人对某一种活动产生稳定、持久的热情，使人们发自内心，不需其他诱因就能全身心地投入活动中。所以知道自己的兴趣所在，配合兴趣来选择自己的学习方向、专业院校，乃至将来的职业方向，便能在学习和工作时也乐在其中。

美国心理学家约翰·霍兰德于 1959 年提出了职业兴趣类型理论，他将人的性格与相适应的外在环境分为六种类型，不同性格的人倾向于发展出不同的兴趣。

研究型（I）	善于观察、思考、分析和推理，喜欢以自己的步调解决问题，不喜欢有很多规矩，做事时能提出新的想法，但对实际解决问题的细节较无兴趣，不在乎别人的看法。喜欢和有相同兴趣或专业的人讨论问题，否则还不如自己看书或思考。	⇒ 喜欢从事生物化学、医学、数学、天文等工作。
艺术型（A）	直觉敏锐，善于表达和创新，喜欢用文字、声音、色彩等来表达创造力和美的感受，喜欢独立创作，但不喜欢被忽略，在无拘无束的环境下，工作效率最高。不喜欢管人和被人管，在人际交往方面比较随性。	⇒ 喜欢从事音乐、写作、戏剧、绘画、设计、舞蹈等工作。
社会型（S）	对人和善，容易相处，关心自己和别人的感受。喜欢倾听和了解别人，也愿意付出时间和精力去解决别人的冲突。喜欢教导别人并帮助他人成长。不爱竞争，喜欢大家一起做事，一起为团体尽力。交友广泛，关心别人胜于关心工作。	⇒ 喜欢从事教师、社会服务、医护等工作。
企业型（E）	精力旺盛，好冒险竞争，做事有计划并立刻行动，不用花太多时间仔细研究。希望拥有权力去改善不合理的事。说服和组织能力强，希望自己的表现被他人肯定，并成为团体的焦点。不以现阶段的成就为满足，要求别人跟他一样努力。	⇒ 喜欢从事管理、销售、司法、政治等工作。
传统型（C）	个性谨慎，做事讲究规矩和精确，喜欢在有清楚规范的环境下工作。做事按部就班，精打细算，给人的感觉是有效率、精确、仔细、可靠、有信用。他们的生活哲学是稳扎稳打，不喜欢太多的改变，也不喜欢冒险。	⇒ 喜欢从事银行、金融、会计、秘书等工作。
实际型（R）	动手能力强，做事手脚灵活，动作协调。偏好于具体任务，不善言辞，做事保守，较为谦虚。缺乏社交能力，通常喜欢独立做事。要求具备机械方面的才能，有从事与物件、机器、工具、运动器材、植物、动物有关的职业的兴趣，并具备相应能力。	⇒ 喜欢从事计算机、摄影、制图、机械装配等工作。

这六种类型，依字母顺序排列，可形成一个六角形。在六角形中位置越靠近的类型，表示彼此的心理特质相似程度越大；距离越远的，相似程度越小。例如，社会型和企业型的人，比较擅长与人互动，偏好团队合作。艺术型的人较随性，喜欢变化，与个性较保守，且重原则的传统型人，呈现两极。

人的兴趣不是静止不变的，而是变化发展的。兴趣随着一个人年龄的增长、需要

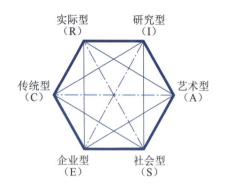

实际型（R） 研究型（I）

传统型（C） 艺术型（A）

企业型（E） 社会型（S）

的变化、经验的变化而表现出不同的发展水平和深广程度。兴趣的发展大致可以概括三个阶段：感官兴趣—自觉兴趣—志趣阶段。

最初级的是感官兴趣阶段，人们的感官被事物外在形象的丰富多彩所吸引而产生了直接兴趣。这种兴趣具有外控性、易变性、肤浅性等特点，短暂而不稳定。

自觉兴趣阶段是在感官兴趣的基础上发展形成的，是对某一事物或活动增加了了解，产生了特殊爱好。自觉兴趣阶段的兴趣具有内控、稳定的特点，维持时间较长。

志趣

自觉兴趣

感官兴趣

志趣是兴趣发展的高级阶段，它与一个人的价值取向一致，与一个人的理想目标紧密相连，且因不断地获得社会价值激励而得以巩固。志趣需要一个人付出强大的意志力和努力才能得以维持。一旦形成会相对稳定，甚至终生不变。志趣往往跟一个人的职业兴趣相关。

探之旅

猜一猜　谁人与我很相似，谁人与我是两极

根据霍兰德职业测试结果，小明和小睿分别将自己的六个分数填写在一张职业兴趣图示上，得出了两个图形。

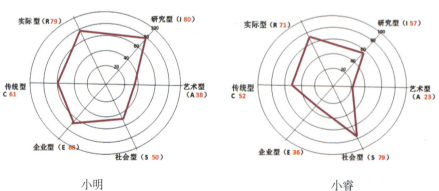

小明　　　　　　　　　　　　　　小睿

亲爱的同学，你能说出小明和小睿的兴趣长项和兴趣弱项分别是什么吗？你能推测一下他俩大致适合哪些职业类型吗？

你的职业兴趣图形会是什么样？请将自己的"霍兰德职业兴趣测试"结果的六个数字分别填写在下面的图中，并将六个点连接起来。观察一下自己的兴趣长项和弱项，想一想自己可能适合的职业类型。

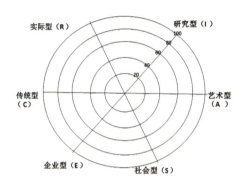

和同学或好友分享彼此的图形，依据兴趣特点，彼此推荐一些能发挥优势兴趣、避免或者弥补劣势兴趣的方法和途径。

议一议　兴趣与能力的关系

对自己感兴趣的事，人们经常沉浸其中，做得多了，相关能力就会培养起来。而个人对自己比较擅长、能力较强的事情，学习意愿也会提升，增强深入接触的兴趣。

- 同学们按兴趣相似度分组，每组自定一个感兴趣的活动，在活动单左边罗列出该兴趣活动可能培养的能力；
- 确定一个与该兴趣活动相关的职业类型，在活动单右侧罗列该职业需要的相关能力，例如，吃货的兴趣与美食家的能力，制作航模的兴趣与机械师的能力，等等。
- 与其他同学分享。

兴趣 VS 能力　活动单

_____兴趣培养的能力	_____职业必备的能力

心港湾

　　兴趣不是与生俱来的，是经过各种尝试、不断培养，日积月累而形成的。要想培养兴趣，促使兴趣达到从感官兴趣—自觉兴趣—志趣阶段的飞跃，还须采用一些有效的方法。比如，保持浓厚的好奇心；积极主动接触，获得美好正向的最初体验；长久坚持，舍得下功夫深入探究；寻找志同道合的朋友等。

　　道理很浅显，行动很重要，让我们行动起来，让兴趣带着我们在宽广辽阔的世界里遨游！

 小拾贝

　　通过本课的学习和体验，你对自己有新认识吗？你的兴趣爱好中，哪些是可以深入发展的？把此时的想法记录一下吧。

 瞭望台

　　1.《玩好也加分——32名北大新生谈怎样兼顾学业和兴趣爱好》，秦春华主编，北京大学出版社（2013年）

　　2.《良好的兴趣爱好，让人生过得充实而有意义》，马晶、叶纯著，企业管理出版社（2017年）

　　3. 电视节目《最强大脑》，江苏卫视（2014年至今）

4. 生命的启迪

人只有献身社会，才能找出那实际上短暂而有风险的生命的意义。

——爱因斯坦

启明星

1942 年 9 月，著名犹太精神病学和神经学专家维克多·弗兰克和其父母、妻子被纳粹逮捕并押送至集中营。三年后，只有他作为 119104 号囚犯活了下来。

1946 年，他写了名为《活出生命的意义》的书来记录在集中营中的经历。这本书很畅销。在书中，他总结了生与死之间的差异——那就是生命的意义。

他写道："在这里，从一个人最宝贵的生命到一件最微不足道的物品，一切都可被轻易夺走。在这里，我们只被保留了人性中最后一点自由，那就是在任何已经给定的环境下，决定自己的生活态度，决定自己的生存方式。"

他还写道："每当有人死去，众俘房一个个挨近体温尚存的死尸，有的抢到一盘吃剩的马铃薯泥，有的发现死者的木鞋比自己的好而来个调换。另一个因为抢到了死者的外衣而高兴万分……虽然，冷漠是人人自危、自我保护的一种普遍特征。但是，也有少数人非但不去抢夺逝者的遗物，反而愿意把自己仅余的一片面包让给别人。"

人拥有不能被剥夺的精神自由，即在任何境遇中选择自己的生存态度和生活追求。

亲爱的同学，你从维克多·弗兰克的故事中获得了什么感悟？你同意他关于"生命意义"的观点吗？

生命的意义是一个解答人类存在的目的与意义的哲学命题，类似的问题还有"生命的真谛是什么"，"幸福的奥秘是什么"，"生命的价值是什么"，等等。古往今来，这些问题成为很多学科触及的问题，很多不同文化背景下的研究者也给出了许多多元化的答案。美国社会心理学家亚伯拉罕·马斯洛则通过对人的需求进行的深入研究，提出了需求层次理论。依据该理论，人生的最大意义就是自我实现，即努力实现个人理想、抱负，最大限度地发挥个人的才能智慧。

积极心理学与生活

随着 20 世纪末积极心理学的兴起，关于人类的健康与幸福、人类的积极心理品质等问题获得了更多的关注。对何为人生的真谛、人生的意义等问题，获得了更多积极的回答。

积极心理学关注积极的主观体验

积极的主观体验主要有积极情绪、积极认知和积极行为。积极情绪主要有高兴、兴趣、满足感和爱等；积极认知主要指积极的思维，告诉人们要用乐观的态度去展望自己的未来，增加自我效能感；积极行为主要集中在亲社会行为上，人们的利他行为有助于形成良好的社会关系，一个人积极的主观体验能催生积极的心理功能，比如自我接纳、自我肯定的态度，接纳自我的人能满意地对待过去、幸福地感受现在、乐观地面对将来。

积极心理学关注积极的人格特征

积极人格特质包括爱、勇气、毅力、乐观、宽容、创造性、洞察力、关注未来、智慧等在内的 24 种宝贵的品质。积极心理学认为每个人都有自己与众不同的人格优势。如果我们善于在日常生活中运用这些优势，将会最大限度地增进我们的幸福体验。乐观的人倾向于采取更为积极的方式应对不幸事件，他们会赋予消极事件以积极意义，会主动寻求社会支持，并利用活动或爱好来转移对痛苦的注意，表现出更好的心理调节能力，从而保持较高的幸福感。

积极心理学关注积极的组织系统的研究

积极的心理体验和幸福的生活，只有通过建立良好的社会环境才能实现。积极心理学除了研究个人的积极品质外，还研究如何建立更好的群体制度，使得个人的积极品质得到发展和体现。积极心理学认为，积极的公众品质，比如责任、利他、关爱、文明、自制力、容忍力、职业道德等，对社会有积极正向的影响，有利于形成积极和谐的社会、家庭和学校系统，从而使人的潜力得到充分发挥，使个人感受到最充分的幸福。

 探之旅

读一读　截然相反的视角

下列两则短文是对同类生活现象的不同心理活动的表述。与同伴合作或自己模拟两种不同的声音和语调来朗读，并谈谈感受。

我今年上高二，生活对于我来说是一种痛苦。	我今年上高二，生活得蛮惬意。
我1米78的个子，人家说我长得蛮帅气的，但我自己觉得不满意，因为我一出生就带着一个改变不了的缺憾：在靠近前额的地方有一团白头发，小学时就有人叫我"白头翁"，我为此很生气，恨不得把自己的头发剃光。后来我经常染发，也不能掩盖这个讨厌的缺陷。	我1米78的个子，人家说我长得蛮帅气的，我也是这个感觉。虽然在靠近前额的地方长着一团白头发，小学时就被人称作"白头翁"，为此烦恼过，但我现在知道，这与其说是一个缺点，还不如说是一个特点呢。初次见面，人家往往能先记住我，全凭这团白头发了。
我的家庭经济条件也不好，老爸老妈工作不稳定，收入少，借房子住得还是小房子，而且经常搬家，弄得我一点稳定感也没有。到同学家去玩过，见过人家房子大、装修好，还有自己单独的房间，人家过得真幸福！我为什么就不能生在这样的家庭中呢？	我家庭经济条件并不好，老爸老妈工作都不稳定，收入也不多，借房子住还得是小房子，而且经常搬家，这倒养成了我容易适应环境的习惯。我到同学家玩过，见过人家房子大、装修好，同学还有自己单独的房间，人家过得真幸福！想住大房子，就得有大本事。
高中以来我很想结交几个知心朋友，但是由于我不太说话，和别人也玩不到一起，除了学习和网络游戏，我几乎没有什么爱好，很难找到和我完全一样的朋友，我感觉很孤单。	高中以来我很想多结交几个知心朋友，所以我要想办法改变自己不太喜欢说话的毛病，尽量多找与别人的共同点，容忍别人和我不同的方面。目前和我要好的已经有两个了，我感觉蛮开心的。
总之，我方方面面都不好，我的生活黯淡无光。	总之，我方方面面都蛮好，我的生活充满阳光，活着真的好幸福！

画一画　我的生命曲线

回顾你的生活经历，把你认为对你影响重大的积极事件，用圆点标注在下列横线上方，越开心快乐的事情标注的位置越高；把你认为对你影响重大的消极事件，用圆点标注在横线下方，越痛苦难过的事情标注的位置越低。把这些点连接起来，观察你生命曲线的形状像什么。

学前期　　　　　小学期　　　　　初中期　　　　　高中期

在横线下方的事件中，我也找到了其积极正面的意义：＿＿＿＿＿＿＿＿＿＿
＿＿＿＿＿＿＿＿＿＿＿＿＿＿＿＿＿＿＿＿＿＿＿＿＿＿＿＿＿＿＿＿
我的生命曲线像＿＿＿＿＿＿＿＿＿＿＿＿＿＿＿＿＿＿＿＿＿＿＿
我的生命曲线的名字是：＿＿＿＿＿＿＿＿＿＿＿＿＿＿＿＿＿＿＿

试一试　创造生命意义

现实生活中有很多难题，如果我们能积极应对，就可以让自己的智慧和才情发挥出更大的意义，创造更大的社会价值。

每个人每天都会产生许多垃圾。若垃圾只是简单地堆放或者填埋，不能得到卫生填埋、焚烧堆肥等无害化处理，将导致臭气蔓延，污染空气、土壤和地下水体，对生命健康造成极大损害。而垃圾无害化处理的费用是非常高的，处理一吨垃圾的费用少则一两百元，多则近千元，要消耗巨额资金才能处理大量垃圾。随着垃圾量的高速增长，传统的无害化处理能力远远赶不上需求。

垃圾是放错了地方的宝贵资源，几乎所有的垃圾都可以回收利用。而要回收利用垃圾首先需要把垃圾分类，即根据垃圾的成分构成、产生量，结合本地垃圾的资源利用和处理方式来进行分类，如德国一般将其分为纸、玻璃、金属和塑料等；日本一般分为塑料瓶类、可回收塑料、其他塑料、资源垃圾、大型垃圾、可燃垃圾、不可燃垃圾、有害垃圾等。

中国的垃圾分类始于 20 世纪 90 年代，经历了以点带面、循序渐进的探索过程。中国之前 20 多年的垃圾分类推广工作主要依靠教育，普及垃圾分类的知识和理念。事实证明，仅靠教育是远远不够的。2016 年 6 月国家发改委、住建部发布《垃圾强制分类制度方案（征求意见稿）》，提出建立城镇生活垃圾强制分类制度。2000 年，建设部下发《关于公布生活垃圾分类收集试点城市的通知》，确定将北京、上海、广州、深圳等八个城市作为首批生活垃圾分类收集试点城市，中国进入了垃圾分类强制与教育相结合的快车道。

2019 年 7 月 1 日，《上海市生活垃圾管理条例》对生活垃圾实行"四分类"标准：有害垃圾、可回收物、湿垃圾、干垃圾。在一系列配套管理和监督措施下，垃圾分类效果有所好转。但长期来看，只有国人真正养成垃圾分类的好习惯，自觉地进行垃圾分类，根除那些随手乱扔垃圾，混合丢弃垃圾的坏毛病，居住环境才能更加清洁。同时，垃圾分类是个系统工程，除了国民自觉分类之外，还需要整个分类收集、分类运输、分类处理和回收的系统设计完善，环环相扣，有效配合。有效的分类和利用垃圾，考验着中国人的聪明才智和实干精神。

亲爱的同学，请尝试搜索和研究这方面的相关信息，提些好点子，为垃圾有效分类、变废为宝出谋划策。

垃圾有效分类收集的好点子_____

_____。

垃圾有效分类运输的好点子_____

_____。

垃圾有效分类处理和回收的好点子_____

_____。

心港湾

不论在严酷还是在舒适的环境，人都可以选择自己的生活态度，追求自己生命的价值。消极地看待自己，得到的往往是悲伤和痛苦；悲观地面对世界，发现的常常是丑陋和欺诈。选择乐观地看待自己，积极地学习和生活，友好地与人相处，积极地改善环境，一个人的生命光华就会渐渐显现出来，并最终散发出耀眼夺目的光华！

小拾贝

通过这节课的学习，你想给自己写下的最重要的一句话是什么？

 瞭望台

1.《学习乐观》，马丁·塞利格曼著，洪兰译，新华出版社（1998 年）

2.《垃圾分类绿色环保从我做起之垃圾分类》，高英杰、唐在林主编，化学工业出版社（2016 年）

3. 电影《本杰明·巴顿奇事》，大卫·芬奇导演（2008 年）

5. 走近大学专业与职业

人生的道路虽然漫长，但紧要处常常只有几步，特别是当年轻的时候。

——柳青

 启明星

　　周浩曾是北京大学的一名学子，同时也是北京工业技师学院的一名学生，他有着足以让人惊讶的经历。

　　在 2008 年的高考中，周浩以 660 的高分，名列青海省理科前五名。周浩从小就喜欢拆分机械，动手能力很强的他想报考有许多实用性课程的北京航空航天大学，但遭到了家人和老师的一致反对，他们觉得这样高的分数能报考更好的学校。周浩最终还是妥协了，他选择了北大生命科学专业进行深造。可是周浩对这门侧重于理论和分析，操作性不是很强的专业并不感兴趣，这令他倍感迷茫。

　　经过两年多的困扰和挣扎，周浩最后说服父母，于 2011 年从北京大学退学，转学到北京市工业技师学院，从众人艳羡的名校高才生到普通的技校学生。周浩表示自己毫不后悔，他说："我所学的技术在人们的生活中起着很大的作用，我不会后悔自己的选择。而且三百六十行，行行出状元，每个人只要在适合自己、自己感兴趣的岗位上工作，都会很强大的！"

　　亲爱的同学，看了周浩的故事，你有什么感想呢？如果当初他坚定地选择了北京航空航天大学的相关专业进行深造，后来的发展又会如何呢？

　　分数或许不是选择大学及专业的唯一参考，符合自身需求，适合自己发展的大学与专业方向才是对的选择。

　　那么，亲爱的同学，你理想的大学是哪一所？哪些专业更符合你的自身需求呢？一起来了解一下关于大学、专业和职业的话题吧！

航海图

亲爱的同学，作为高中生除了需要掌握高中阶段的各科知识、培养自己各方面的能力外，还应该对自己的未来几年做一个规划，其中就包括大学和专业的选择。

走近大学

你知道吗？中国有近 3000 所大学，这么多的高等学府，不免让人眼花缭乱，各个学校都有怎样的实力与特色呢？

全国大学分类

综合性大学： 以北京大学、复旦大学、南京大学、浙江大学、武汉大学、中山大学、吉林大学、南开大学、山东大学、四川大学、兰州大学、厦门大学等为代表。这些大学历史悠久、理工文医学科门类齐全、文理渗透，文化底蕴较为深厚。

工科为主的综合性大学： 以清华大学、上海交通大学、西安交通大学、同济大学等为代表。这些大学工科专业实力很强，但理科基础和人文社会科学相对稍弱。

准综合大学： 如北京科技大学、北京邮电大学、中国农业大学、北京林业大学、中国地质大学、中央财经大学、中国政法大学、北京外国语大学等。这类大学以为各类工业、农林牧水产业、地矿、财经、政法、语言等行业培养专业人才为目的，主体专业实力很强，行业特点明显，与行业有天然联系，又都在逐渐向综合性大学发展。

师范类院校： 以北京师范大学、华东师范大学、东北师范大学、华中师范大学、华南师范大学和陕西师范大学为代表。属综合类大学，其教学水平、科研实力往往超过同批次的准综合大学。这类院校都陆续开设了非师范专业。

专业院校： 如医学、艺术、体育、军事、警察类院校等。这类院校专业性很强，培养目标明确。报考此类大学应充分考虑考生的天赋、特长和兴趣。

上述五类大学，各自的发展历程不同，办学实力和特点各异，培养目标和课程设置也有差别。

2017 年 1 月，经国务院同意，教育部、财政部、国家发展改革委印发《统筹推进世界一流大学和一流学科建设实施办法（暂行）》。中国高等教育领域继"211 工程"、"985 工程"之后，提出了建设世界一流大学和一流学科的重要战略，简称"双一流"。首批"双一流"建设高校共计 137 所，其中"世界一流大学"建设高校 42 所（A 类 36 所，B 类 6 所）；"一流学科建设"高校 95 所。请收集与上海有关的"双一流"高校相关信息并填空。

"世界一流大学"	"一流学科建设"高校
_____	_____ _____
_____	_____ _____
_____	_____ _____
_____	

了解专业

　　大学专业是学生进入大学后所学习的学科门类，我国高校现行有 12 个学科门类，分别是理学、工学、农学、医学、哲学、经济学、法学、教育学、文学、历史学、军事学、管理学；共 92 个专业类，506 个专业。

　　如果说进入大学是进入一扇大门，那么我们通常会把专业比喻成一扇扇小门，而同学们首先要了解到底有哪些小门，认识专业，要从以下六个方面入手。

请参照下图范例，找一个自己感兴趣的专业，在右框中图解一下吧。

专业和职业的关系

专业是学业门类，职业是工作门类。学业（即专业）的完成意味着工作（即职业）的开始，所以两者之间具有一定联系。在社会发展的进程中，不同的知识结构和不同的素质特点，产生了不同形式的社会分工，也就是说，专业水平在一定程度上决定了自身的职业方向。而职业的发展需要具有某种且达到一定水准的专业知识和专业技能。在求职过程中你会发现部分职业对应聘者的专业是有一定要求的，需要有相当的专业知识背景才能胜任这些工作。而专业背景很大程度上与大学专业有一定关系，目前高考填报的专业又受到高考三门等级考科目选择的影响和限制，所以应根据职业理想选择相关的大学专业，然后再确定三门等级考科目的选择。

上海新高考综合改革方案取消了文理分科，在语文、数学、英语三门科目以外，剩余三门高中学业等级考试科目在物理、化学、生物、政治、历史、地理科目中自主选择。"六选三"科目纳入高考成绩，这意味着，将有20种不同的组合供学生选择。可能有的学生会认为，无论有多少种可能性，只要选择自己爱学的，或是相对强的三门学科就可以了，可事实并不是这么简单，我们应该根据"职业—专业—选科"这条主线选择科目，在设定了选考科目要求的专业（类）中，物理占了八成多，其次是化学，接着依次是生物、历史、地理和政治。所以，等级考"+3"科目的选择会影响到大学专业是否可以填报。因此，选择等级考"+3"科目需谨慎思考。

探之旅

找一找 理想的大学

我理想的大学

我目前的理想高校是：_____

这所学校的类型是：_____

这所学校的优势专业有：_____

我选择的是其中的这一专业：_____

这一专业的培养目标是：_____

这一专业所涉及的专业课程有：_____

这一专业将来的主要就业方向有：_____

访一访 专访学长

听听他们怎么说

——采访升入高校的优秀学长

请问您就读的专业是：_____

请问您选择这所学校的理由是：_____

请问您选择这个专业的理由是：_____

请问你喜欢学校提供的哪些课程和活动：_____

请问您毕业之后的安排和打算是：_____

请问您未来打算从事的工作领域是：_____

请问您目前在高校的学习生活中最大的收获是：_____

请您给目前还在高中阶段学习的学弟学妹们提提建议：_____

填一填 职业与专业选择

请完成以下职业与专业及选科要求的列表。

可从事职业	专业背景要求	目标大学高考"+3"科目选科要求
医 生	临床医学	
	土木工程	
对外汉语教师		
	计算机科技与技术	
精算师		
	金融学类	
律 师		
	航空航天工程	
制药研发		
	机械工程	
人力资源专员		
	信息与计算科学	
编 辑		
	材料科学与工程	
注册会计师		
	工业设计	
汽车评估与理赔师		
	应用心理学	
景观设计师		
	工商管理	

心港湾

　　亲爱的同学，大学既是你求学生涯的下一阶段，也是为将来的职业发展做好能力准备的关键时期，选择一个适合自己的大学和专业非常重要，需要认真分析、仔细思考、慎重抉择。所以从现在起，尽可能地搜集高校信息、专业资料，从而给自己定下目标，为进入自己理想的大学做好充分的准备。请相信，你离自己的理想将越来越近！

小拾贝

　　通过这节课的学习，你对大学、专业还有未来职业发展有哪些认识？

瞭望台

　　1.《走进大学——怎样选择最适合你的专业》，杨晓雍著，中国大百科全书出版社（2005 年）

　　2.《就业蓝皮书：2018 年中国本科生就业报告》，麦可思研究院著，社会科学文献出版社（2018 年）

　　3.《上名校读好专业：学长学姐教你填志愿》，全球伙伴合作计划著，华东师范大学出版社（2015 年）

6. 职业世界面面观

三百六十行，行行出状元。

——中国谚语

启明星

　　所谓"三百六十行"，是指各行各业的行当，也就是社会的工种。关于行业，自唐代开始就有三十六行的记载。宋代周辉《清波杂志》上便记有肉肆行、海味行、鲜鱼行、酒行、米行、酱料行、宫粉行、花果行、茶行、汤店行、药肆行、成衣行、丝绸行、顾绣行、针线行、皮革行、扎作行、柴行、棺木行、故旧行、仵作行、网罟行、鼓乐行、杂耍行、采莲行、珠宝行、玉石行、纸行、文房行、用具行、竹林行、陶土行、驿传行、铁器行、花纱行、巫行等三十六行。由三十六行如何发展为"三百六十行"呢？据徐珂《清稗类钞·农商类》载："三十六行者，种种职业

也。就其分工约计之，曰三十六行；倍之，则七十二行；十之则三百六十行。"可见"三百六十行"只是一个约数，民间所流传的"三百六十行"是个统称，多年来习惯成自然，所以现在，说起行业还是笼统地称"三百六十行"。

　　中国有句名言——"三百六十行，行行出状元"。随着社会的发展，社会分工越来越细，职业兴替的周期正不断缩短，新兴职业不断出现：家里太乱了，请个整理收纳师帮你"断舍离"；慢跑容易伤膝盖，雇一个陪跑师专业指导；出游没想好住哪个酒店，可以看看酒店试睡员给出的评价；还有食物造型师、无人机飞手、服装陪购师、时尚博主、网络主播……不知不觉中，我们身边多出了许多三百六十行之外的新兴职业。这些新兴职业"脑洞大开"的程度，超出很多人的想象。

　　亲爱的同学们，在了解自我之后，我们还需要了解外部的职业世界。随着社会的发展，社会分工越来越细，职业品种也越来越多，这需要我们更多地走进职业世界、探索职业世界、参与职业世界，进而全面地了解职业世界！

航海图

职业分类

　　认识我国的职业分类，可以从职业分类和行业分类两方面进行，其中行业是从事相同性质的经济活动的所有单位的集合；而职业是不同行业或机构中相似的一组工作，通常用一个名词来定义，如教师、会计。例如工、商、农林牧渔等就是"行业"；而会计师、公务员则可能分布于各种不同的行业中。

　　我国《国民经济行业分类》国家标准于 1984 年首次发布，分别于 1994 年、2002、2011、2017 年进行修订，依据 2017 年 6 月最新修订的《国民经济行业分类标准》，我国有 20 个门类、97 个大类、473 个中类、1380 个小类。其中 20 个行业门类见下表：

门类	名　称	门类	名　称
A	农、林、牧、渔业	K	房地产业
B	采矿业	L	租赁和商务服务业
C	制造业	M	科学研究和技术服务业
D	电力、热力、燃气及水生产和供应业	N	水利、环境和公共设施管理业
E	建筑业	O	居民服务、修理和其他服务业
F	批发和零售业	P	教育
G	交通运输、仓储和邮政业	Q	卫生和社会工作
H	住宿和餐饮业	R	文化、体育和娱乐业
I	信息传输、软件和信息技术服务业	S	公共管理、社会保障和社会组织
J	金融业	T	国际组织

　　了解职业世界，需要对职业和行业双关注，既要了解行业的发展趋势和对人才的需求状况，也需要了解不同职业在不同行业中的不同要求。

　　亲爱的同学，你对哪个行业、哪个职业比较感兴趣，对于这个职业或行业想了解什么？请设计一份访谈提纲，开启职业探索活动吧！

如果我们很希望知道某一种很吸引人的职业究竟是做什么的、是如何工作的，我们可以通过哪些方法了解他们呢？

访谈法

这个方法是同学们就某一职位的访谈对象，按事先拟定好的访谈提纲进行交流和讨论。访谈对象可以是该职位的任职者，对工作较为熟悉的直接主管人员，或与该职位工作联系比较密切的工作人员。为了保证访谈效果，一般要事先设计访谈提纲，内容可包括工作内容、工作强度、从业要求、职业前景等。

观察法

就是在不影响相关职业人员工作的情况下，通过观察，将有关工作的内容、方法、程序、设备、工作环境等信息记录下来，最后将取得的信息归纳整理。

参与体验法

这个方法是指同学们可以通过实习、社会实践、课外拓展活动等方式，直接参与工作本身，从自身的工作体验中了解和分析职业特征，总结这一岗位的能力要求。

信息收集法

同学们还可以利用互联网收集职业信息，通过搜索引擎查询需要的职业信息；也可以进入职业信息的官方网络平台了解相关职业；还可以到招聘网站查阅各行各业的招聘信息，看看他们需要怎样的人，了解他们对人才的要求。

评估职业的方法

面对五花八门的工作世界，包罗万象的职业类别，同学们还需要依据一些方法来评估该职业是否符合你的需要，或是你的特质是否符合该职业的需要。

PLACE 通常可以用来作为评估职业的指标。

P：指职位或职务（Position），包括该职位的经常性任务、所需承担的责任、工作层次等。

L：指工作地点（Location），包括地理位置、环境状况、室内或户外、城市或乡村、工作地点的变化、安全性等。

A：指工作的发展状况（Advancement），包括工作的升迁途径、升迁速度、工作稳定性、工作保障等。

C：指就业待遇（Condition of employment），包括薪水、福利、进修机会、工作时间、休假情形及特殊雇佣规定等。

E：指雇用条件（Entry requirements），包括所需的教育程度、证照、训练、经验、能力、人格特质等条件。

在后面的生涯活动中，试以某一项吸引你的职业为例，试着评估该项职业的各个方面。

中国制造 2025

在进行职业探索时，我们需要去判断一个职业的发展前景，要了解这个职业对于国家、社会以及整个行业的影响，要了解这个职业对人们日常生活的影响，人们对这一职业的依存程度以及社会评价等。

2015 年 5 月国务院颁布的《中国制造 2025》为中国制造业未来十年乃至更长时间的发展描绘了宏伟蓝图，提出了重点发展的十大领域，对我们高中生的生涯发展、专业选择具有很强的参考性。

探之旅

同学们，大家一起来猜猜职业谜语。每个职业都有三个词语描述，通过这三个词语，一起来猜猜这些是什么职业。

1. 走街串巷　两轮代步　绿衣使者
   这个职业是 ＿＿＿＿＿＿＿＿

2. 烟雾弥漫　火舌肆虐　蒙面斗士
   这个职业是 ＿＿＿＿＿＿＿＿

3. 春风化雨　案牍劳形　无私奉献
   这个职业是 ＿＿＿＿＿＿＿＿

4. 口齿伶俐　围追堵截　独家采访
   这个职业是 ＿＿＿＿＿＿＿＿

5. 能征善战　出生入死　守卫家园
   这个职业是 ＿＿＿＿＿＿＿＿

6. 五味俱全　煎炸烹煮　饕餮盛宴
   这个职业是 ＿＿＿＿＿＿＿＿

7. 衣袂飘飘　曼妙多姿　闻乐起舞
   这个职业是 ＿＿＿＿＿＿＿＿

8. 妙手回春　救死扶伤　白衣天使
   这个职业是 ＿＿＿＿＿＿＿＿

9. 字字珠玑　思如泉涌　妙笔生花
   这个职业是 ＿＿＿＿＿＿＿＿

10. 一日千里　轻车熟路　纵横阡陌
    这个职业是 ＿＿＿＿＿＿＿＿

想一想　未来职业大预测

请查阅相关资料，想一想，随着社会的发展，哪些职业的从业人员会减少？哪些职业的从业人员会增加？未来还会产生哪些新职业？（至少各写三个，并写下理由）

36

为了使同学们对现实的各类职业有较为客观的了解，请同学们走访一个自己感兴趣的职业，获取有关的真实信息，真正地去认识这个职业。

职业调查表

职位或职务（P）	职位性质	
	岗位职责	
	工作内容	
工作地点（L）	地理位置	
	工作环境	
	工作安全性	
发展状况（A）	工作的晋升情况	
	工作的稳定性	
	工作保障	
	发展前景	
就业待遇（C）	工资待遇	
	工作的时间性	
	进修情况	
	休假情形	
	特殊雇佣规定	
雇用条件（E）	所需的教育程度	
	持有证照要求	
	训练和经验要求	
	工作所需能力	
	工作所需人格特质	

心港湾

亲爱的同学，我们身边的职业世界是这样的丰富多彩、种类繁多，请相信在众多职业中总有适合你的职业。要选择适合自己的职业，就必须先对行业职业进行研究，了解不同职业的工作内容、性质和对从事该职业者的能力要求，从中选择最符合你情况和预期的职业。

小拾贝

通过这节课的学习，你对纷繁的职业世界有哪些新认识呢？

 瞭望台

　　1.《中华人民共和国职业分类大典》国家职业分类大典修订工作委员会著，中国劳动社会保障出版社（2015年）

　　2.《国民经济行业分类》，国家统计局起草，中国标准出版社（2017年）

　　3.《成长：从校园到职场》，谢耘著，中国人民大学出版社（2010年）

7. 适合才是最好的

要么努力获得你所喜欢的，要么努力去喜欢你所做的。

——乔治·伯纳德·肖

 启明星

大草原上有个小狮子丹比很善于学习。它仔细观察成年的狮子在捕捉羚羊时的情景，发现狮子的动作很有爆发力，但持续力不足，如果羚羊奋力奔跑很长一段路程后，狮子就无法追上。

于是，丹比决定向羚羊学习，弥补狮子持续力不足的缺点。它决定改吃素食来增加自己的耐力。然而，它忽略了一个重要的事实：狮子若只吃青草会造成体能急速衰退，失去了原来该有的爆发力，应有的勇猛也会消失不见。

丹比的妈妈知道了，很心疼地教导它："傻孩子，狮子跟羚羊不同。如果我们把太多时间花在弥补先天的不足，就没有时间好好发挥自己的优点了。你应该让自己成为一只勇猛的狮子，保持自己的优点，而不要太在意天生的缺点。若试图把自己改造成羚羊，会扭曲生命原有的价值。"

亲爱的同学，你觉得丹比妈妈说的有道理吗？在成长的过程中，最可贵的是及时发挥自己的优点，分辨哪些是先天的限制，而哪些是可以改进的缺点。那么，你对自己的特长、优点和不足了解吗？在未来的专业及职业选择中，请记得要根据自身的特点来慎重选择，适合你的其实才是最好的。

将来同学们都会踏上工作岗位，有没有想过哪份工作更适合自己呢？想要确定自己的职业方向，需要从自我认定开始。自我认定是生涯决策的重要基础，包含了个人的兴趣、能力、价值观、人格特质等重要内涵。

自我认定考虑因素

兴趣

从事自己喜爱的工作，可以带来较为愉悦的感受，让自己积极投身其中。美国曾对两千多位著名的科学家进行调查，发现很少有人是以谋生为目的而工作的，他们大多是出于个人对某一研究领域的强烈兴趣而孜孜以求，不计名利报酬，忘我地工作，他们的成功是与他们的兴趣密切联系在一起的。青少年可以通过"霍兰德职业兴趣测验"来了解自己的职业兴趣，也可以通过实际接触或尝试来探索自己的兴趣所在。

能力

任何一种职业对从业人员的能力都有一定的要求，能力特征能直接影响工作的效率。如会计、出纳、统计等职业，工作者必须有较强的计算能力，对于工程、建筑及服装设计等职业的工作者要具备空间判断能力。相关能力不足，会使人工作效率低下，无法获得满足感和成就感。了解自己的能力，就是要弄清楚自己擅长做什么和不擅长做什么。

价值观

价值观是基于一个人一定思维感官之上作出的认知、理解、判断或抉择。一个人往往通过工作上的表现来寻求个人的意义和价值，也在工作中致力于达到自我的实现。不同的价值观将使我们选择不同的生活方式、为人处事态度和人际交往模式。正确的价值观有助于我们找到生活的原动力，让人生变得充盈、欢畅、意趣无穷。

人格特质

人格特质是一种能使人的行为倾向表现出一种持久性、稳定性、一致性的心理结构。每个人在其成长历程中，受到生理、遗传、家庭教养、文化规范、学习经验等因素交互作用的影响，形成自己独特的个性，在不同情境中表现出特定的个人风格。"什么样的人会选择什么样的工作。"不过，一个人所从事的工作也会持续不断地对人格特质的形成、塑造、修正，发挥关键性的影响作用，使得人格特质逐渐发生变化。

探之旅

拍一拍　非常拍卖会

如果一辈子的时间和精力=1000元。每件东西最低价位100元，每次加价不得低于10元。最终成交价相同者需陈述理由，全班投票，高票者获得物品。

请用你拥有的1000元（相当你一辈子的时间和精力，10元=半年）去拍你想要的吧。

拍卖清单

1. 吃遍天下美食还不会发胖。

2. 终身有效的免费旅行。

3. 有一张刷不尽、不用还款的信用卡。

4. 有稳定收入的平凡工作。

5. 拥有几位知心好友。

6. 拥有一门精湛的专业技能。

7. 拥有一份完美的爱情。

8. 外貌出众。

9. 进入一流学府深造，获得智慧与知识。

10. 拥有幸福美满的家庭。

11. 事业有成。

12. 拥有健康的身心。

13. 生活得快乐、自由。

14. 生活始终有希望、有方向。

15. 成为具有影响力的人。

16. 拥有帮助他人的能力。

17. 让父母为自己感到骄傲。

18. 终身好运。

提问：

你最想要的是哪三样，请排序：＿＿＿＿＿＿、＿＿＿＿＿＿、＿＿＿＿＿＿。

最终，你拍到的是＿＿＿＿＿＿＿＿＿＿＿＿＿＿＿＿＿＿＿＿＿＿＿＿。

测一测　人职匹配

通过"十六种人格类型职业倾向性测试（MBTI）"评估工具，可以把不同个性的人加以区分，通过测试可以归纳提炼出动力（E/I）、信息收集（S/N）、决策方式（T/F）和生活方式（J/P）四个维度的个性倾向性，了解自己的行为风格及心理类型，并为自己的职业方向选择提供依据。

MBTI把性格分成四个维度，每个维度上包含相互对立的两种偏好。

二元四维度分析

动力	（E）外倾—内倾（I）	人们的精神能量指向，注意力集中在何处。
信息收集	（S）感觉—直觉（N）	人们获取信息的方式。
决策方式	（T）思维—情感（F）	人们做决定和得出结论的方法。
生活方式	（J）判断—知觉（P）	人们对待外界和处世的方式。

代表我的人格类型的四个字母是_____。

每一种性格类型都没有绝对的"好坏"之分，但是不同的性格特点对不同的工作存在"适合与否"的区别。

合一合　找到适合你的区域

通过一系列测试，相信同学们对自身也有了更进一步的了解。那么，接下来，请同学们根据测试的结果以及实际日常生活中的需求，一起来整合一下信息，找出最适合你的专业和工作领域吧。

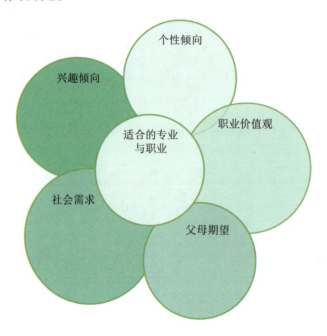

 心港湾

其实，职业选择并不是只考虑职业的热门与冷门，因为热门职业也不一定适合你。"甲之熊掌，乙之砒霜。"尊重自己的兴趣和个性特点，并将自己的某些愿望与特定的职业联系在一起，加深对某项职业的了解。这样，做自己想做的事情，才能更好地发挥自己的潜能，生活也将更有意义。

 小拾贝

通过这节课的学习，你对自身职业适配性有哪些新认识呢？

 瞭望台

1.《哈佛职业生涯设计——哈佛职业生涯兴趣测验手册》，提摩西·巴特勒等著，中国商业出版社（2004年）

2.《赢在性格》，奥托·克劳格等著，浙江人民出版社（2008年）

3. 电影《三傻大闹宝莱坞》，拉库马·希拉尼导演（2011年）

8. 玩转时间

放弃时间的人，时间也会放弃他。

——莎士比亚

 ## 启明星

　　一位富翁住在一幢豪华的别墅里。他每天下班回来，总能看见有个人从他的花园里扛走一只箱子，装上卡车拉走。

　　有一天，他走过去问："我看见你每天从我家扛走一只箱子，箱子里装的是什么？"

　　那人微微一笑说："箱子里装的是你虚度的日子。"

　　"什么日子？"

　　"你白白浪费掉的时光，你虚度的年华。你过来瞧，它们根本没有用，不过现在……"

　　富豪走过来打开了一个箱子，里面有一条暮秋时节的道路，他的未婚妻踏着落叶慢慢走着；他打开第二个箱子，里面是一间病房，他的弟弟躺在病床上等他回去；他打开第三个箱子，是他那所老房子，他那条忠实的狗卧在栅栏门口眼巴巴地望着门外，已经等了他两年……

　　富豪感到心口绞疼起来，痛苦地说："先生，请你让我取回这些箱子，我求求您。我有钱，您要多少都行！"

　　陌生人做了个根本不可能的手势，说："太迟了，已经无法挽回。"说罢，那人和箱子一起消失了。

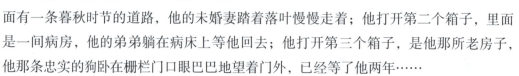

　　亲爱的同学，看了这个故事你有什么感想？你生活中有虚度的日子吗？那些"箱子"里面都有什么？

航海图

时间管理是指通过事先规划和运用一定的技巧、方法与工具实现对时间的灵活、有效运用，实现个人或组织的既定目标。

帕累托原则

帕累托原则是由 19 世纪意大利经济学家帕累托提出的，其核心内容是生活中 80% 的结果几乎源于 20% 的活动。比如，是那 20% 的客户给你带来了 80% 的业绩，可能创造了 80% 的利润；世界上 80% 的财富是被 20% 的人掌握着，世界上 80% 的人只分享了 20% 的财富。因此，要把注意力放在 20% 的关键事情上。

时间管理的一些要点

1. 要和自己的价值观相吻合

自己一定要确立个人的价值观，假如价值观不明确，你就很难知道什么对自己最重要，时间分配一定不好。

2. 设立明确的目标

时间管理的目的是让自己在最短时间内实现更多想要实现的目标。

3. 改变自己的想法

不要想立刻推翻自己的整个习惯，只需强迫自己现在就去做你所拖延的某件事。

4. 安排"不被干扰"的时间

每天至少要有半小时到一小时的"不被干扰"时间。这段时间可以抵过你一天的工作效率，甚至有时候比你工作三天的效率还要高。

5. 做好时间日志

详细地记录下你花费了多少时间，在做哪些事情，从中可以清晰地发现你所浪费的时间。只有找到浪费时间的根源，你才有办法改变。

6. 学会列清单

把自己要做的每一件事情都写下来，这样做能让你随时都明确自己手头上的任务，也会产生紧迫感。

7.同一类的事情最好一次把它做完

当你重复做同一件事情时，会熟能生巧，效率也会提高。

探之旅

分一分　时间饼图

对你一周的时间用饼图的形式作一个统计，划分出用于：睡觉、吃饭、学习、娱乐、运动的大致百分比，并在上面注明内容。

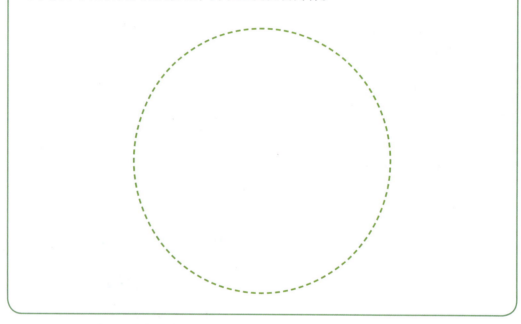

写一写　生活事件分类

美国著名管理学家科维提出了关于一个时间管理的理论：把工作按照重要和紧急，并按其不同的程度进行了划分，基本上可以分为四个"象限"。

A.重要且紧急（比如救火、抢险等）——必须立刻做。

B.紧急不重要（比如有人因为玩游戏而紧急约你、有人突然打电话请你吃饭等）——只有在优先考虑了重要的事情后，再来考虑这类事。人们常犯的毛病是把"紧急"当成优先原则。其实，许多看似很紧急的事，拖一拖，甚至不办，也无关大局。

C.重要不紧急（比如学习、做计划、与人谈心、体检等）——只要是没有前一类事的压力，应该当成紧急的事去做，而不是拖延。

D.不紧急也不重要（比如娱乐、消遣等事情）——有闲工夫再说。

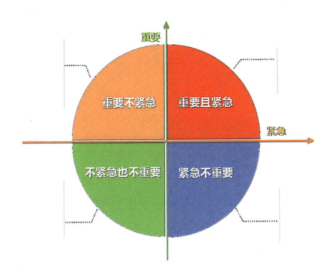

请你假设并思考以下情况，把想到的内容写下来：

● 如果时间都用在做属于A（重要且紧急）的事情上，事情有可能
会_____；可能会产生的心理感受_____。

● 如果时间都用在做属于B（紧急不重要）的事情上，事情有可能
会_____；可能会产生的心理感受_____。

● 如果时间都用在做属于C（重要不紧急）的事情上，_____。

● 如果时间都用在做属于D（不紧急也不重要）的事情上，_____。

生活事件分类表

回顾过去一周做过的事，在下面表格中依据个人感知分类填写事务。

	紧　急	不紧急
重　要	A. 优先顺序： 理由：	B. 优先顺序： 理由：
不重要	C. 优先顺序： 理由：	D. 优先顺序： 理由：

我发现：

我的多数事务集中在哪里？原因是什么？对我会产生什么影响？我生活中的 A、B、C、D 事件的排序及比重怎样比较合适？有什么需要改进的地方？

每一类事件中的优先顺序对我会产生什么影响？有什么需要改进的地方？

心港湾

时间管理的"两把钥匙"

金钥匙（中心原则）：把时间用在最有价值或最有助于自己达到目标的事情上。

银钥匙（补充原则）：将时间耗在某件事情上的唯一

理由是为了实现自己的近期目标。

补充原则是针对人们经常出现的做事拖延、容易为琐碎事所干扰等特点提出的具体管理规则。

亲爱的同学，大学作为你求学生涯的下一阶段，是为将来的职业发展做好能力准备的关键时期，选择一个适合自己的大学和专业需要你认真分析、仔细思考、慎重抉择。所以从现在起，尽可能地搜集高校信息、专业资料，从而给自己定下目标，并为进入自己理想的大学及未来职业规划做好充分的准备。请相信，你离自己的理想将越来越近！

 小拾贝

通过这节课的学习，你对时间管理有了哪些新认识？

 瞭望台

1.《时间管理——如何充分利用你的24小时》，吉姆·兰德尔著，舒建广译，上海交通大学出版社（2012年）

2.《高效能人士的七个习惯》，柯维著，王亦兵等译，中国青年出版社（2008年）

3.《要事第一》，梅里尔著，刘宗亚等译，中国青年出版社（2010年）

9. 小情绪大学问

你在遇到挫折或暂时的失败时，你的解释方式将决定你会变得多无助或多斗志昂扬。

——马丁·塞利格曼

 ## 启明星

2002 年，美国哈佛大学的泰勒·本–沙哈尔开设了《幸福心理学》课程。后来，这门课成为哈佛最受欢迎的课程，23% 的听课者表示，这"改变了他们的一生"。

然而，这个把"幸福"推销到全世界的青年人，曾坦言"我并不快乐"。他也是哈佛的毕业生，从本科读到博士。在哈佛，他曾作为三名优秀生之一被派往剑桥进行交换学习；他还是一流的运动员，在社团活动方面也很活跃，但这些并没有让他感到持久的幸福。

这与他的经历有关。泰勒在 16 岁那年已经是以色列全国壁球赛冠军。他一直坚信胜利可以使他快乐。夺冠后，他欣喜若狂，那种快乐超乎了他的想象。当晚，他与家人朋友一起隆重地庆祝。狂欢过后，他独自回到自己的房间，坐在床上尝试在睡前再回味一下那无限的快感。出人意料的，他以为会保持很久的成就感，那些他最珍视的、来之不易的喜悦，忽然间消失得无影无踪。

他说那一刻自己感受到，内在的东西比外在的东西，对幸福感更重要。

> 亲爱的同学，你思考过能让你终身去追求的东西是什么吗？学历？金钱？名望？有了香车豪宅、高官厚禄，是否就能让你心满意足、无忧无虑？漫漫人生路，你要寻找的是外在的光鲜耀目还是内在的精神富足？

如果你早起赶地铁上学，却遇到了地铁故障，等待很久之后地铁终于恢复通行了，却发现在人山人海的地铁站，还需要等上五六趟车才有挤上去的机会。你会是怎样的心情？

有人会很沮丧，这一早晨的时间和心情都被这事搅和了；也有人却在偷着乐，"这是地铁故障，肯定已经通过各种渠道广而告之了。学校不能算我迟到，大家还会同情我的不幸遭遇！"于是，他就找个地方去好好休息等待了。

遭遇同一件事，在不同的人身上会有不同的情绪反应，ABC 情绪理论的创始人埃利斯认为：引发人情绪的既不是事件，也不是结果，而是由于人们的信念，即人们的认知思维。

ABC 情绪理论

ABC 情绪理论中：A（Antecedent）表示诱发性事件；B（Belief）表示个体针对此诱发性事件产生的一些信念，即对这件事的一些看法、解释；C（Consequence）表示自己产生的情绪和行为的结果。

通常人们会认为诱发事件 A 直接导致了人的情绪和行为结果 C，发生了什么事就引起了什么情绪体验。然而，有没有发现同样一件事，对不同的人，会引起不同的情绪体验？

如图中，A 指事情的前因，C 指事情的后果，有前因必有后果，但是有同样的前因 A，产生了不一样的后果 C1 和 C2。这是因为从前因到后果之间，一定会经过一座桥梁 B，这座桥梁就是信念和我们对情境的评价与解释。

$$A \nearrow^{\text{B1} \longrightarrow \text{C1}}_{\searrow \text{B2} \longrightarrow \text{C2}}$$

因为同一情境之下（A），不同的人的理念以及评价与解释不同（B1 和 B2），所以会得到不同结果（C1 和 C2）。因此，事情发生的一切根源缘于我们的信念。信念是指人们对事件的想法、解释和评价等。

ABC 情绪理论的创始人埃利斯认为：正是由于我们常有的一些不合理的信念才使我们产生情绪困扰。如果这些不合理的信念一直存在，久而久之，还会引起情绪障碍。

从埃利斯的 ABC 情绪理论来看，积极的信念带来积极的情绪反应，使人对不利事件也能乐观看待；反之，消极的信念引发消极的情绪反应，人容易陷入负面情绪之中。

我们常把这些不希望出现的情绪，称之为负面情绪。既然不希望它们出现，人会作出什么样的选择？当我们识别出这些情绪，越来越清晰地感受到负面情绪会给我们带来的不良体验之后，人们往往会自我压抑，而不是调整信念。然而，当我们压抑的时候，恰恰相反，那些负面的情绪不会消失，它们反而会更加强烈。比如，我们来做个实验，请大家在接下来的几秒钟，千万不要想一个粉红色的大象。你们会怎么样？是不是脑海中不自觉地浮现出一个红色大象的影子。

为什么？因为当你要抑制一种情绪的时候，它会变得更加强烈。泰勒·本-沙哈尔其实是个很害羞的人。对他来说，做公众演讲其实很困难。当他想要控制自己的这种焦虑的情绪，站在公众面前演讲，只能不断地对自己说："不要焦虑，不要紧张！不要焦虑，不要紧张！"然而事与愿违，他变得越来越紧张，越来越焦虑。后来，他告诉自己，焦虑、紧张都是正常的，要允许焦虑和紧张流淌在自己的身体里，慢慢地，他的焦虑和紧张感就不那么强了。后来，他终于战胜了自己，带着他的情绪一起站在了讲台上，向世界发出了自己的声音。

负面情绪的正面价值

负性情绪	正向价值
愤　怒	它满含张力，给我们力量去改变一个不能接受的情况。
痛　苦	它让我们努力去找寻一个摆脱的方向，离开威胁和伤害。
焦虑、紧张	它提醒我们事情很重要，需要我们额外的专注和照顾，也指出已拥有的资源和能力的不足，需添加一些能力。
困　难	处理它的目的并不是使人去做某件事，而是使他多了可以做这件事的选择。
恐　惧	它指引人找出自己的力量，有勇气的人并非没有恐惧，真正的勇气是虽然有恐惧，还能继续走下去。
失　望	它的出现源于对自己的部分否定，接纳这种情绪也就接受了这个不完美的自己。
内疚 / 遗憾	把它转化为力量，推动人把未完结的部分尽力完成。
悲　伤	从失去中取得力量，使人更珍惜自己仍然拥有的。

对挫折事件的不同信念会产生不同的行为表现。对待挫折事件，应挖掘挫折背后的主客观原因，寻找合理的应对方式。若下次再遇挫，继续挖掘遇挫原因，调整应对方式，如此循环往复，逐渐克服挫折。这种应对挫折的行为表现背后是理性信念的支撑，面对挫折不气馁，解决挫折不妥协，越挫越勇。

不少同学都遇到过考试失利的情况，面对一两次失利，可以云淡风轻，照样愉快地玩耍。但是如果在某些学科上反复失利，是不是就变得越来越没有学习的劲头？

这种日渐消极的情绪，背后的支撑信念是什么呢？是否把每一次考试都认真当成一次对自我学习的检测？有没有对检测结果进行过细致、逐项的分析，清楚了解自己在哪些模块上知识掌握得较好，哪些模块上尚存不足，该如何去复习巩固，向谁求助，如何提高？

很多人其实并没有这样去思考考试的意义，觉得考试是老师的法宝，用考试来拿捏着学生，分数的价值在于向家长展现学习表现。学习成绩好，对得起老师、对得起家长；学习成绩不好，只要能把老师和家长应付过去，乖顺几天，等"风声"过去继续如鱼得水，自然悠游。

容易影响情绪的"非理性信念"

人既是理性的，又是非理性的，人的大部分情绪困扰和心理问题都是来自不合逻辑或不合理性的思考，即不合理的信念。挫折是否引起人的挫折感，不在于事情本身，而在于对挫折的不合理认识。这种不合理的信念会导致挫折感的产生和加重。

不合理信念一般具有三个特点。

绝对化要求：这是最常见的一种不合理信念，指人们以自己的意愿为出发点，对某一事物怀有其必定会发生或必定不会发生这样的信念。它常与"必须""应该"这样的词连在一起，如"我必须做得最好""他必须那样做才对"等。

过分概括化：它是一种以偏概全、以一概十的不合理信念。过分概括化的人在看问题时容易走极端，往往导致对自身或他人的不合理评价。如，一遇失败便认为自己"没用""非常笨""不可救药"；或别人稍有过失就认为这个人无一可取，全面否定。持有这种信念的人要么会导致盲目自责自罪、自卑自弃，要么会一味责备他人或外在环境，产生敌意、愤怒等不良情绪。

糟糕透顶：这种不合理的信念认为某一事情发生了，必定会非常可怕、非常糟糕、非常不幸。个体一旦具有这种信念，就会产生焦虑、悲观、抑郁等不良情绪。许多同学的考前焦虑多数是因为持有这种信念。

一个人的生活是欣欣向荣，还是逐渐衰败？人的情绪状态会产生巨大的影响，比如，只有经历过高考才知道过程是怎样的曲折挣扎，一次考试失败就能让人倍感煎熬。但是，我们不能让这种无助感占据了头脑，影响了我们的思维和判断，只有更加冷静地分析利弊、总结得失，才能切实提高成绩。

探之旅

填一填　情绪整理单

情绪整理单

曾经历的负面情绪	引发的事件	意义联结	可以调整的策略

通过清单整理，容易引起你负面情绪的事件是什么？

_____

对这些事件你的看法是什么？

_____

如果此类事件再次发生，你能给自己一些调整策略吗？

_____

1. 在自己生活环境中，每个人都需要得到每一位重要的人的爱和赞许。

2. 一个人必须能力很强，在各方面都有成就，这样子才是有价值的。

3. 有些人是坏的、卑劣的、恶意的，对他们的恶要严惩，但是也要给他们改过自新的机会。

4. 假如发生的事情不是自己所喜欢的，或自己所期待的，那是很糟糕，想想怎么让它变得好一点，让自己更快乐一点。

5. 人的不快乐是外在因素引起的，一个人很少有（或根本没有）能力控制忧伤和烦恼。

6. 对于危险或可怕的事情，应该非常挂心，而且应该随时顾虑到它会发生的可能性。

7. 逃避困难、挑战与责任要比面对它们容易。

8. 一个人不能过于依赖别人。

9. 一个人过去的经历对他目前的行为会产生重要影响，因为过去发生的一切都会影响其看待问题的想法。

10. 一个人碰到的种种问题应该都有一个正确、妥当、完善的解决途径；如果无法找到此一完善的解决途径，那是糟透的事。

11. 人可以从不活动和消极的自我享乐中，获得最大的幸福。

请把以上信念，对应填入下表，并分析原因。

	对应项	原　因
合理信念		
不合理信念		

回顾你过去和现在的生活，你曾产生过哪些不合理的信念吗？

心港湾

有研究表明，敞开心扉，把正面和负面的经历都写下来，可以提高我们的身心健康水平。本课在此基础上，还增加了反思——我为什么会产生这样的情绪？这有助于提高我们对于情绪的觉察能力，更能提高我们的内省能力，帮助我们识别不合理的信念，调整认知，让自己变得更乐观、更有力量。

 小拾贝

泰勒上课的时候，经常告诉学生："我不希望你们以为我上这个课，我就会乐呵呵的。世界上只有两种人不会难过、伤心、失望，一类是精神病人，一类是死去的人。所以，只要你是人，你就会难过、会痛苦、会伤心和沮丧。"情绪的流动是最自然的事情之一，可以向他人倾诉并且获得解决的经验，以此提升自己的人生阅历，或者用日记的方式记录下来，寻找自己情绪波动规律以及应对方式。

 瞭望台

1.《幸福的方法——哈佛大学最受欢迎的幸福课》，泰勒·本-沙哈尔著，汪冰、刘俊杰译，中信出版社出版（2013年）

2.《微情绪心理学》，陈璐编著，中央编译出版社（2015年）

3. 电影《霹雳贝贝》，翁路明导演（1988年）

4. 电影《惊奇队长》，安娜·波顿、瑞安·弗雷克导演（2019年）

10. 迈向学习新起点

学而不思则罔，思而不学则殆。

——《论语》

 ## 启明星

卡夫卡出生在捷克布拉格的一个犹太商人家庭，从小性格孤僻、沉默寡言、懦弱胆怯、多愁善感，总喜欢一个人躲在角落里发呆。父亲觉得这不是一个男子汉应该具有的性格，煞费苦心想改变他，反而令他更加恐惧和不安，变得比以前还要懦弱、胆小。在这个过程中，他学会了察言观色，学会了承受和忍耐，也体会到了生活的痛苦与无奈。

18岁时卡夫卡考入了布拉格大学，并获得了博士学位。一次偶然的机会，他走上了文学创作的道路，他把对生活的敏感，怯懦的性格，孤僻忧郁的气质，难以排遣的孤独和危机感，无法克服的荒诞和恐惧，融入小说之中，形成独特绚丽的风格，成为那个时代资本主义社会的精神写照。他成为奥地利最负盛名的作家，被誉为"西方现代派文学的宗师和探险者"。世界级文学大师、现代派文学的开山鼻祖，《变形记》《判决》《城堡》等作品享誉全球、经久不衰。

亲爱的同学，看了卡夫卡的故事，你有怎样的感想？你是否知道自己的优点和缺陷？

多元智能理论

20世纪80年代，哈佛大学认知心理学家加德纳提出了多元智能理论，定义智能是人在特定情景中解决问题并有所创造的能力。他认为我们每个人都拥有八种主要智能：语言智能、逻辑—数理智能、空间智能、运动智能、音乐智能、人际交往智能、内省智能、自然观察智能。

语言智能

这种智能主要是指有效地运用口头语言及文字的能力，即指听说读写能力，表现为个人能够顺利而高效地利用语言描述事件、表达思想并与人交流。这种智能在作家、演说家、记者、编辑、节目主持人、播音员、律师等职业上有更加突出的表现。

逻辑—数理智能

从事与数字有关工作的人特别需要这种有效运用数字和推理的智能。他们学习时靠推理来进行思考，喜欢提出问题并执行实验以寻求答案，寻找事物的规律及逻辑顺序，对科学的新发展有兴趣。即使他人的言谈及行为也成了他们寻找逻辑缺陷的好地方，对可被测量、归类、分析的事物比较容易接受。

空间智能

空间智能强调人对色彩、线条、形状、形式、空间及它们之间关系的敏感性很高，感受、辨别、记忆、改变物体的空间关系并借此表达思想和情感的能力比较强，表现为对线条、形状、结构、色彩和空间关系的敏感以及通过平面图形和立体造型将他们表现出来的能力。能准确地感觉视觉空间，并把所知觉到的表现出来。这类人在学习时是用意象及图像来思考的。空间智能可以划分为形象的空间智能和抽象的空间智能两种能力。一般而言，形象的空间智能为画家的特长，抽象的空间智能为几何学家特长，建筑学家形象和抽象的空间智能都擅长。

运动智能

主要指善于运用整个身体来表达想法和感觉，运用双手灵巧地生产或改造事物的能力。这类人很难长时间坐着不动，喜欢动手建造东西，喜欢户外活动，与人谈话时常用手势或其他肢体语言。他们学习时是通过身体感觉来思考。这种智能主要是指人调节身体运动及用巧妙的双手改变物体的技能，表现为能够较好地控制自己的身体，对事件能够作出恰当的身体反应以及善于利用身体语言来表达自己的思想。运动员、舞蹈家、外科医生、手艺人都有这种智能优势。

音乐智能

这种智能主要是指人敏感地感知音调、旋律、节奏和音色等能力，表现为个人对音乐节奏、音调、音色和旋律的敏感以及通过作曲、演奏和歌唱等表达音乐的能力。这种智能在作曲家、指挥家、歌唱家、乐师、乐器制作者、音乐评论家等人员那里都有出色的表现。

人际交往智能

人际交往智能，是指能够有效地理解别人及其关系及与人交往能力，包括四大要素：组织能力，包括群体动员与协调能力；协商能力，指仲裁与排解纷争能力；分析能力，指能够敏锐察知他人的情感动向与想法，易与他人建立密切关系的能力；人际联系，指对他人表现出关心，善解人意，适于团体合作的能力。

内省智能

这种智能主要是指认识到自己的能力，正确把握自己的长处和短处，把握自己的情绪、意向、动机、欲望，对自己的生活有规划，自尊、自律，会吸收他人的长处。会从各种回馈管道中了解自己的优劣，常静思以规划自己的人生目标，以深入自我的方式来思考。喜欢独立工作，有自我选择的空间。这种智能在优秀的政治家、哲学家、心理学家、教师等人员那里都有出色的表现。内省智能可以划分为两个层次：事件层次和价值层次。事件层次的内省指向对于事件成败的总结。价值层次的内省将事件的成败和价值观联系起来自审。

自然智能

能认识植物、动物和其他自然环境（如云和石头）的能力。自然智能强的人，在打猎、耕作、生物科学上的表现较为突出。自然智能应当进一步归结为探索智能，包括对于社会的探索和对于自然的探索两个方面。

大脑的爱好

大脑是指挥肢体运动的总指挥，大脑的爱好促使人脑力充沛，保证身体健康。那么，大脑的爱好是什么呢？

大脑喜欢色彩。平时使用高质量的有色笔或使用有色纸，颜色能帮助记忆。

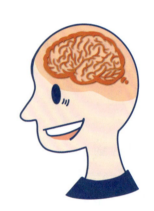

大脑集中精力最多只有 25 分钟。这是对成人而言，所以学习 20 到 30 分钟后就应该休息 10 分钟。你可以利用这段时间做点家务，10 分钟后再回来继续学习，效果会更好。

大脑需要休息，才能学得快，记得牢。如果你感到很累，先拿出 20 分钟小睡一会儿再继续学习。

大脑像发动机，它需要燃料。大脑是一台珍贵而复杂的机器，所以你必须给它补充"优质燃料"。垃圾食品、劣质食品、所有化学制品和防腐剂，不仅损害身体，还削弱智力。英国一项新研究显示，饮食结构会影响你的智商。

大脑是一个电气化学活动的海洋。电和化学物质在水里能更好地流动，如果你脱水，就无法集中精力。专家建议，日常生活中要多喝水，保持身体必需的水分，而且一天最好不要饮用相同的饮料，可以交换着喝矿泉水、果汁和咖啡等。另外，研究资料显示，经常性头痛和脱水有关。

大脑喜欢问题。当你在学习或读书过程中提出问题的时候，大脑会自动搜索答案，从而提高你的学习效率。从这个角度说，一个好的问题胜过一个答案。

大脑和身体有它们各自的节奏周期。一天中大脑思维最敏捷的时间有几段，如果你能在大脑功能最活跃的时候学习，就能节省很多时间，会取得很好的学习效果。

大脑和身体经常交流。如果身体很懒散，大脑就会认为你正在做的事情一点都不重要，大脑也就不会重视你所做的事情。所以，在学习的时候，你应该端坐、身体稍微前倾，让大脑保持警觉。

气味影响大脑。香料对保持头脑清醒有一定功效。薄荷、柠檬和桂皮都值得一试。

大脑需要氧气。经常到户外走走，运动运动身体。

大脑喜欢整洁的空间。最近的研究显示，在一个整洁、有条有理的家庭长大的孩子在学业上的表现更好。为什么？因为接受了安排外部环境的训练后，大脑学会了组织内部知道的技巧，你的记忆力会更好。

压力影响记忆。当你受到压力时，体内就会产生皮质醇，它会杀死海马状凸起的脑细胞，而这种大脑侧面脑室壁上的隆起物在处理长期和短期记忆上起主要作用。因此，压力影响记忆。最好的方法就是锻炼。

大脑并不知道你不能做哪些事情，所以需要你告诉它。用自言自语的方式对大脑说话，但是不要提供消极信息，用积极的话代替它。

大脑如同肌肉。无论在哪个年龄段，大脑都是可以训练和加强的。不要整天待在家里无所事事，这只能使大脑老化的速度加快，所以你要"没事找事"，不要让大脑老闲着。

大脑需要重复。每一次回顾记忆间隔的时间越短，记忆的效果越好，因为多次看同一事物能加深印象，但只看一次却往往容易忘记。

大脑的理解速度比你的阅读速度快。用铅笔或手指辅助阅读吗？不，用眼睛。使用这种方法的时候，需要你的眼睛更快地移动。

 探之旅

测一测　我的学习秘籍

在学习新知识时，每个人的吸收方式都不一样，你在哪方面最在行呢？（可参考《多元智能测试》）

小组讨论：创设符合智能类型的学习方法、环境以及每个智能类型典型的职业取向。（可参考《多元智能综合分析表》）

在今后的学习过程中，我将如何运用适合自己的学习风格提高学习效率和质量？在哪些方面可以改进和增强？

写一写　适合我的学习方法

了解航海图板块中的相关知识后，结合前两个活动的发现，制作你的学习方法卡片，并与同学互相交流、借鉴。

科目	学习困惑	适合我的学习方法
语文		
数学		
外语		
物理		
化学		
生物		
历史		
政治		
地理		
计算机		
其他		

心港湾

　　每个人身上都有闪光点，每个人都有不同的风格，要善于发现自己的特长，不断探索适合自己的学习方法。同时，尽量使自己能全面发展，多元化地均衡发展才会更出色，才会创造更多的可能性，未来之路才会越走越宽。

小拾贝

通过这节课的学习，你对自己高中的学习有哪些新认识和思考呢？

瞭望台

　　1.《高效学习方法全集——高中版》，新教育学习研究机构编著，陕西师范大学出版社（2009 年）

　　2.《高中决定你的一生》，金铉根著，薛舟等译，中国传媒大学出版社（2009 年）

　　3.《赢在高考：北大女生高三备战实录》，刘沆著，复旦大学出版社（2010 年）

11. 与变化共处

生涯之学，即应变之学。

——曼伦 & 沙因

启明星

木村秋则出生于日本北方的一个农民家庭，从小就喜欢拆解玩具，是一名对电子产品充满兴趣的科学少年。排行第二的他从没有思考过务农，学校毕业后就瞒着父母去参加了就业考试，之后进入一家制造公司。这仿佛是我们耳熟能详的故事：早早就找到目标的少年前行在自己期待的道路上。

但由于家中大哥生病不能务农，木村被父亲接回了乡下。他还是很讨厌农活。大哥病好之后，准备另寻他路的他接受了隔壁村子的提亲，做了上门女婿。但此时再回城市做白领几乎不可能了，这一次，他决定专心致志于农业。

由于自己在城市的经历，他想试试彻底无农药种植苹果，结果苹果树连续六年毫无收成，家人和乡亲们都一致反对。为了养家糊口，他去过北海道埋电线杆，去夜店洗马桶，甚至一度想过结束生命。但当他把绳子扔到树枝上时，发现了一棵茂盛的橡树，他的大脑重新运转了起来，开始建立果园小生态，改善土壤。第九年，他收获了两只苹果；第十一年，大丰收。之后几年，苹果品质越来越高，早早被预订一空。他也频繁受邀到国内外讲授种植经验，村里都以他为荣。此时，他的梦想不再是机械和电子了。"我有一个梦想，就是改变日本的农业。说农业有点大了，暂时就定为改变日本的食物吧！"

看了木村的故事，你有什么启发？曾经热爱机械与科学的木村秋则本有可能成为科技人才，但他却迈入农业。他经历过哪些挫败？是怎样克服的？你觉得他的生涯应变力如何？他有哪些品质值得我们学习？

航海图

生涯应变力

有人认为生涯规划的技巧和方法就是建立生涯目标，然后坚持努力，这样就能实现圆满人生，就如很多励志故事中所阐述的一样。你认为呢？

事实上，在生涯发展的过程中，会有许多不确定性，就如在大洋中航行，一开始沿着主干流向前，可能会遇到天气变化、人员变更等多重问题，有些能预料到，有些则无法预估。这时就可能需要改变航行的路线，驶上一条新支流，也许不一定还能到达原来预期的目的地，但亦有可能遇到美好新世界。因此，在人生航海的道路上我们当有所坚持、有所妥协，懂得应变的智慧，方能收获航海宝藏。

要有适应与应变的意识：生涯发展的过程不是一劳永逸的。世界瞬息万变，我们需要留意变化，作好以变应变的准备。选择是多样化的，有时坚持到底就能成功，有时放弃也是一种智慧。

加强对内外环境变化的感知：关于自我与职业发展的知识不是一成不变的，要经常性更新。进一步加强对于自我的认识，丰富个人成长；进一步增加对外在世界的了解，拓宽自己的视角，丰富自己的选择。

提升自我素养：为了更好地应对内外环境的变化，提升自我素质与能力是重要的保证。

心理弹性

为什么同样遭受挫折，有些人一蹶不振，有些人却恢复了过来，甚至比以前过得更好？在心理学中有这样一个概念——心理弹性。

人们有时会不可避免地遭遇一些风险因素，比如遭遇事故等急性事件，或者身处不良的家庭环境等慢性情况。是不是只要遭遇这些创伤事件就必然带来负面的影响

呢？在研究了成千上万的个案之后，心理学家加梅齐（Garmezy）给出了否定的答案。他和同事们发现一群特别的孩子，身处糟糕的环境却依旧成长为了优秀的个体，这些个体所具有的就是心理弹性。

也就是说，糟糕的经历不一定会影响到未来的发展。有人在痛苦与失望中发现希望与力量，跨越障碍，获得成长；有人只能看到不幸，在人生中写下糟糕的一笔。

那么，有哪些因素会帮助人们即使面临重重挑战，依旧能够积极应对，收获成长呢？心理学家们发现这些人在外部环境中，可能会有一个很支持他们的家人、老师，或友人，但更重要的是他们的内心有着积极的力量，他们相信自己的命运由自己掌控，通过自主学习，主动获得个人经验，丰富社交关系。

影响青春期心理弹性的保护性因素

领　域	因　　　素
应对技能	灵活运用问题聚焦、情绪聚焦和回避的应对策略 建设性的情绪调节策略：如积极评价事件意义，规划未来等 幽默感 冥想 共情 远离行为出格的依恋对象和同伴 创建并维持社会支持网络
自我评价	高自尊 内控归因（即认为个体之所以出现某种行为，其原因主要与自身有关） 自我效能感（相信自己有能力完成某些行为） 乐观解释风格（认为失败和挫折是暂时的，现状能够改变）
心理特质	智商高或者有特殊才能 压力易感性低，能迅速从压力中恢复 情绪稳定、外向、责任心强、宜人性高、经验开放性高
家庭因素	家庭稳定、提供支持 父母心理健康 早年经验中没有分离、丧亲或压力 权威性教养方式（家长对孩子兼具合理要求与理解尊重） 安全型依恋方式（家长与孩子之间有安全、积极的情感联系）
社区因素	良好的社会支持网络（大家庭、亲社会的同伴群体等） 社会经济地位高 积极的教育体验

（表格选自 Carr，2013，《积极心理学》，有修改）

其实，心理弹性在每个青少年身上都有，并且能够通过后天教育与训练得到提高。试着从以下三个方面（国际心理弹性研究计划 IRRP）思考自己已有的资源与可以努力的方向，发掘问题背后的心理弹性，有意识地提升自己的修复力吧！

我有（I have）	我是（I am）	我能（I can）
发现外在支持与资源，如学校、家庭、社区、同伴等。	发现个人的内在力量，接纳自我，提高自尊与乐观感。	发现和培养人际技巧、情绪管理以及问题解决能力。

 探之旅

搜一搜　"非一般成才路"案例报告会

每个人的成才道路都不相同，有的从小立志，持续努力，最后收获成功；也有一些人则走上一条不同的道路。以小组为单位通过搜索或访谈搜集一些"非一般成才路"的个案，然后进行人物简报或者微电影展演的汇报。看看这些人有哪些相同之处，又有哪些不同，你会有新的发现与启迪。

写一写　"做不到"问题工作室

"做不到"问题工作室是一个收集同学们在升学过程中遇到问题的工作室，主要任务就是找到"做不到"的原因，然后给出"做得到"锦囊，帮助同学渡过难关。今天大家都是工作室的实习生，希望大家努力工作，帮助遇到困难的同学们。

案例简介：理想很丰满，现实很骨感

来访者：小 A，高一，男，上海某重点中学学生

来访问题：初入高中，就着手开始自己的生涯规划，从小就喜欢建筑与旅游，热爱绘画，擅长动手操作。于是他把同济大学建筑学系作为自己的理想院系目标，一方面在学业上努力勤奋；另一方面参加学校的 DIY 建造社，希望能够进一步加深自己对于相关专业的了解并增强实践能力。但一个学期下来，自己的成绩即使在发挥得最好的时候也是在中下游水平，距离目标还很远。建造社的活动也需要投入大量时间，让他疲于应对。结果自己预定的成绩达到中上游水平，在社团成为主力队员的目标都没有达成。父母劝他退出社团，参加学科补习。他很烦恼，不知道如何是好。

问题分析：问题就是成长的机会，看看问题究竟在哪里？

内外环境发生了怎样的变化？小 A 卡在哪里？

应对措施：面对问题，有多种解决的方法，大家一起努力想办法。

方　法	资源（人力、物资、信息等）	采用此方法的优势	可能遇到的问题	如何解决

你的方案：

总结经验：要想做得到，需要＿＿＿＿＿＿＿＿＿＿＿＿＿＿＿＿＿＿＿＿＿＿＿

有了上一份工作的经验，工作室里还有很多问题，再试试帮助下面这些同学吧。

- 我很迷茫：小 B，很羡慕有同学很早就有了努力方向，可我不知道自己未来可以做什么？
- 未来由谁掌控：小 C，一心想学医，父母认为太辛苦，全力反对，我该怎么办？
- 我到底想干什么：小 D 写完目标计划过去半年多，其间读了许多相关书籍，参加相关竞赛，可对自己依旧充满怀疑，不知道这是否是自己应该选择的道路。
- 我有拖延症：小 E，早定好了目标计划，但是总是拖延，看看手机，玩玩电脑，半个学期过去了，什么都没干成。

如果在生活中遇到了困难，你有哪些内在力量或外在资源能够帮助到自己呢？请回忆一下过去战胜困难的经历，再认真审视一下现在的自己，尽力来找一找吧！

请把找到的内在品质与外在资源尽量多地填写在相应的空白处，每一个部分请至少写上五个条目，越多越好。你会发现自己远比想象中更强大！

我的内在力量：我具有哪些个性优势与内在品质？

我是＿＿＿＿＿＿＿＿＿＿＿＿＿＿＿＿＿＿＿＿

＿＿＿＿＿＿＿＿＿＿＿＿＿＿＿＿＿＿＿＿＿＿

＿＿＿＿＿＿＿＿＿＿＿＿＿＿＿＿＿＿＿＿＿＿

＿＿＿＿＿＿＿＿＿＿＿＿＿＿＿＿＿＿＿＿＿＿

＿＿＿＿＿＿＿＿＿＿＿＿＿＿＿＿＿＿＿＿＿＿

我的才能：我具备哪些能力与素养？

我能＿＿＿＿＿＿＿＿＿＿＿＿＿＿＿＿＿＿＿＿

＿＿＿＿＿＿＿＿＿＿＿＿＿＿＿＿＿＿＿＿＿＿

＿＿＿＿＿＿＿＿＿＿＿＿＿＿＿＿＿＿＿＿＿＿

＿＿＿＿＿＿＿＿＿＿＿＿＿＿＿＿＿＿＿＿＿＿

我的支持系统：我的身边有哪些关心与支持我的人？

我有＿＿＿＿＿＿＿＿＿＿＿＿＿＿＿＿＿＿＿＿

＿＿＿＿＿＿＿＿＿＿＿＿＿＿＿＿＿＿＿＿＿＿

＿＿＿＿＿＿＿＿＿＿＿＿＿＿＿＿＿＿＿＿＿＿

＿＿＿＿＿＿＿＿＿＿＿＿＿＿＿＿＿＿＿＿＿＿

＿＿＿＿＿＿＿＿＿＿＿＿＿＿＿＿＿＿＿＿＿＿

心港湾

在人生航海的过程中，一名成功的航海士需要及时发现各种变化并调整方案，以取得生涯上的发展。愿你在不断"变化"的内外世界中找到"不变"的核心要素，积极应变，作出属于自己的决策，收获更加满意的生活。

 小拾贝

在这节课的学习中，什么给你印象最深？你有什么启发？

 瞭望台

推荐资料

1.《相约星期二》，米奇·阿尔博姆著，吴洪译，上海译文出版社（2008年）

2. 电影《疯狂动物城》，拜恩·霍华德导演（2016年）

3. 电影《超能陆战队》，唐·霍尔导演（2014年）

12. 我的未来我决定

一个人若是看不到未来，就掌握不了现在；一个人若是掌握不了现在，就看不到未来。

——金树人

 ## 启明星

第一次要面对人生抉择的是中五毕业那年，左手拿着无线艺员训练班的报名表格，右手拿着应届高等程度教育课程的报名表，顿时觉得前途都掌握在自己手中。要继续学业吗？还是去读艺员训练班？再念两年中学，毕业后又何去何从？再念大学吗？然后学士、硕士、博士这样一路念下去？还是选修艺员训练班有一技之长，将来无论条件符合台前还是幕后，总算有门专业知识傍身。一连串的问题在我心中此起彼落，魔鬼天使各据一方，展开辩论大会。我把自己的优点和缺点逐一写在一张纸上，理智地分析利弊：这样念书一直念下去适合我的性格吗？我喜欢艺术工作吗？我可以吃苦头吗？我喜欢什么样的人生？平稳安定？还是多姿多彩，充满挑战？

那一天我突然明白，自己是自己生命最大的主宰，向左还是向右走都是自己决定的路。我的心作了我的指南针，只有它才最明白我要的方向，也是它让我最后选择了左手的那张报名表格。

摘自《我是怎样长大的》，刘德华著

亲爱的同学，成长需要面对许多的抉择，从懂事的那一刻起，我们就要面临人生路上大大小小的选择和决定，如穿衣、吃饭、看书、交友、考试、升学、就业等，有些决定可能无关痛痒，但有些决定则会对自己和他人产生重大的影响，而我们未来的生涯发展就是一个重要的选择，需要我们好好规划。

你的梦想是什么？你想成为一个什么样的人？这是我们从小就思考和回答过无数次的问题。小时候，我们的梦想可能是科学家、国家主席、老师、律师、白雪公主、机器猫，那些不分想象与现实的梦想陪伴着我们度过快乐的童年，而随着年龄的增长，我们的梦想在不断变化，也越来越现实。梦想带给人希望和力量，我们的人生需要梦想，我们更需要朝着梦想的方向不断前进，让梦想逐渐落实，成为可以实践的"理想"。

生涯规划金三角图

美国伊利诺伊大学教授斯温提出做生涯规划的三角模式，他认为生涯目标的确定要考虑"自我""教育与职业信息"及"环境"三个因素，即生涯金三角。我们需要对"自己"的部分进行评估，包括评估个人的能力、性向、兴趣、需求与价值观等；需要对"自己与环境的关系"进行综合考虑；需要通过参观访问、演讲座谈和查阅资料等途径去了解"教育与职业的资讯"，这三个因素共同影响我们生涯目标的选择。同学们也可以试着从三个方面来了解一下自己，探索一下职业世界，综合各方面的信息，确定自己的生涯目标吧！

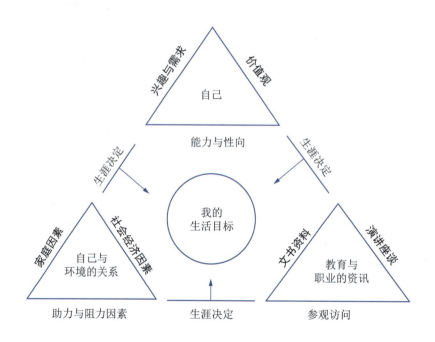

高中生的主要升学途径

上海高中生的升学途径，除了大家相对比较了解的普通高考、自主招生以外，还有以下多种升学方式。

生涯规划

生涯规划是帮助自己找一条适合自己的路，而不是找一条别人认为最好的路。《孙子兵法》中说："知己知彼，百战不殆。"我们在做生涯规划时，要考虑五个要素，包括知己、知彼、抉择、目标、行动。

所谓知己，就是了解自己的各个方面，包括兴趣爱好、能力、价值观、个性，了解自己是一个什么样的人。

所谓知彼，就是认识外部世界，我们要了解时代的脉搏，了解职业世界，职业的内容、特性、所需的能力、工作发展的前景。我们还要了解职业和专业的关系，高中到大学的升学路径。尽量了解各种信息，便于我们作出恰当的选择。

所谓抉择，是指在了解自己和外在世界后，要搜集、分析、比较各种信息，学会做出选择，把自己放在合适的位置上。

所谓目标，在权衡各种信息，做出选择后，我们需要制定相应的发展目标，包括长期目标、中期目标和短期目标，长期目标是未来我要成为一个什么样的人；中期目标是如果我想成为这样的人，我准备从事哪些相应的职业；短期目标是指为实现中期目标我要做哪些准备，发展和培养哪些能力，走怎样的升学路径。

所谓行动，是在目标确定后，根据发展计划采取行动，将发展目标落到实处。脚踏实地地沿着自己的生涯路径前进，按照计划逐步向目标靠近。同时定期检核自己的计划是否需要更改或调整，方向与自己的目标是否有偏离。

生涯是发展的，人在改变，世界也在改变，我们在生涯规划中不断认识成长的自己，认识已经改变了的外部世界，不断调整我们的目标和行动。所以，生涯规划不是一蹴而就的，是一个周而复始、循环往复的过程。

探之旅

画一画　十年后的你

你是否具体想象过自己十年后是什么样子？未来是什么场景？请闭上眼睛想象一下十年后的你是什么样子？从事什么行业的工作，担任什么职位？个性特征是什么？有些什么能力特长？最在乎的是什么？把十年后的你画在下面的方框中吧！

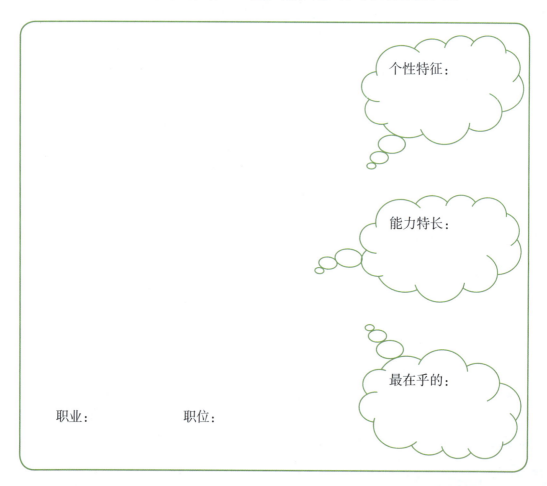

为了达成我们的生涯目标，实现心底对自己最深的期待，我们要为梦想制定一个行动计划，来一步步实现它，你来试着写一写吧。

梦想照进现实

步骤 1. 我目前生涯阶段是＿＿＿＿＿＿＿＿，希望发展的目标是＿＿＿＿＿。

步骤 2. 要实现这个目标，需要拥有的个性、能力和条件有哪些？

我已拥有的是＿＿＿＿＿＿＿＿＿＿＿＿＿＿＿＿＿＿＿＿＿＿＿＿

＿＿＿＿＿＿＿＿＿＿＿＿＿＿＿＿＿＿＿＿＿＿＿＿＿＿＿＿＿。

我需要增进或培养的是＿＿＿＿＿＿＿＿＿＿＿＿＿＿＿＿＿＿＿

＿＿＿＿＿＿＿＿＿＿＿＿＿＿＿＿＿＿＿＿＿＿＿＿＿＿＿＿＿。

步骤 3. 找出目前最需要增进或培养的是

＿＿＿＿＿＿＿＿＿＿＿＿＿＿＿＿＿＿＿＿＿＿＿＿＿＿＿＿＿。

有几种方法我可以获得它：

方法一：

方法二：

方法三：

方法四：

步骤 4. 评估上面哪一种方法对达到目标最有利呢？

＿＿＿＿＿＿＿＿＿＿＿＿＿＿＿＿＿＿＿＿＿＿＿＿＿＿＿＿＿。

步骤 5. 将选出来最可行的方法，化为具体的计划：

When，我何时开始执行？

＿＿＿＿＿＿＿＿＿＿＿＿＿＿＿＿＿＿＿＿＿＿＿＿＿＿＿＿＿。

Where，我由何处着手？

＿＿＿＿＿＿＿＿＿＿＿＿＿＿＿＿＿＿＿＿＿＿＿＿＿＿＿＿＿。

Who，我可找什么人协助我？

＿＿＿＿＿＿＿＿＿＿＿＿＿＿＿＿＿＿＿＿＿＿＿＿＿＿＿＿＿。

步骤 6. 仔细再检视详细的计划，考虑是否有什么因素会对这计划产生重大影响？

调整计划表_____

_____ 。

步骤 7. 一段时间后再次检视计划，还需调整或重新探索修改后的计划是：

_____

_____ 。

步骤 8. Just do it!

签名：_____

日期：_____

心港湾

萨特说过："我们的决定，决定了我们。"生涯决策是一个复杂的认知过程，做一个慎重且负责的决策，我们要评估自己的情况，明晰自己的内在需求，收集环境的信息，了解社会的大环境和家人的期待，仔细权衡各种选择的利弊与风险，制定明确的生涯规划，付诸行动，并在实践中不断调整和完善。而这当中最重要的是目标，我们想要什么？我们想成为什么样的人？这是梦想，更是可落实的理想。

小拾贝

通过本课的学习，你打算怎么来规划你的生涯呢？

瞭望台

1.《你的生命有什么可能?》，古典著，湖南文艺出版社（2014年）

2.《你在为谁读书Ⅱ——青少年人生规划》，余闲编著，武汉出版社（2010年）

3. 电影《飞屋环游记》，彼特·道格特导演（2009年）

4. 电影《扭转未来》，乔·德特杜巴导演（2000年）

后　记

　　这是一本帮助学生更好地认识自己，助力规划人生的读本。高中阶段的学生自我统合的需求日渐显著，"我是个什么样的人？""我需要什么？""我将何去何从？"等问题或多或少都会萦绕在孩子们的心头。此读本着力帮助高中生澄清自身价值与需求，培养自我规划的意识，使其自我探索和规划能力有所提升。

　　近年来，杨浦区积极开设生命教育系列课程。"生涯规划能力的培养"是其中的重要内容。该课程贯穿小学、初中、高中至大学，学生通过阅读读本、体验课程、参与活动，学会自我澄清，明确目标，实践规划。

　　"生涯教育系列课程读本"以小学、初中、高中学段划分，分为《启梦——我的生涯早知道》《启志——我的生涯我探索》《启航——我的生涯我作主》三册。

　　《启航——我的生涯我作主》是"生涯教育系列课程"高中学段的课程。它针对高一至高三年级的学生，围绕"自我塑造"、"职业探索"和"选择规划"三个主题，设计了内容丰富、形式多样的课程内容。"启明星"通过生涯小故事引入主题，"航海图"链接相关生涯规划知识点，"探之旅"开展多种活动探索，"心港湾"总结感悟体验，"小拾贝"小结反思收获，"瞭望台"提供拓展阅读资料。六大模块环环相扣，共同助力学生规划发展。翻阅读本，学生会对生涯规划发展产生更清晰的认识，拓展了新的方式方法去提升自己的规划能力，希望这个"生涯启航之旅"能帮助学生们开启人生的奇幻之旅，不断地去探索、发掘自己的宝藏人生。

　　本课程是由杨浦区教育学院德育室领衔，由上海交通大学附属中学"生涯发展联合研训基地"主持，11所基地学校三年共同实践与探索的研究成果。本册《启航——我的生涯我作主》凝聚了上海理工大学附属中学、控江中学、少云中学和上海交通大学附属中学四所学校老师们的智慧。感谢杨浦区相关领导对生涯课程推进的重视，感谢"生涯基地"学校领导对课程的支持，感谢一线教师们为生涯课程的付出。同时，更要感谢长久以来对"生涯基地"研究工作给予专业指导的上海市教育科学研究院研究员、上海学生心理健康教育发展中心副主任沈之菲老师，杨浦区教育学院正高级、特级教师戴耀红老师。当然，我们的读本还有不足之处，敬请专家、同行与读者指正。

希望《启航——我的生涯我作主》能帮助学生习得自我探索、规划成长的方法，挖掘自身的积极心理潜能，提升自我效能感，让成长过程变得更美好！

图书在版编目（CIP）数据

启航：我的生涯我做主 / 倪京凤，徐向东，顾岗主编.
— 上海:上海教育出版社, 2020.6
（生涯教育系列课程读本）
ISBN 978-7-5444-9846-3

Ⅰ.①启… Ⅱ.①倪… ②徐… ③顾… Ⅲ.①职业选择 –
高中 – 教学参考资料 Ⅳ.①G634.933

中国版本图书馆CIP数据核字(2020)第126923号

责任编辑　张璟雯　邹　楠
封面设计　周　吉

生涯教育系列课程读本
启航——我的生涯我做主
倪京凤　徐向东　顾　岗　主编

出版发行　上海教育出版社有限公司
官　　网　www.seph.com.cn
地　　址　上海市永福路123号
邮　　编　200031
印　　刷　上海展强印刷有限公司
开　　本　787×1092　1/16　印张5.5
字　　数　42千字
版　　次　2020年6月第1版
印　　次　2020年6月第1次印刷
书　　号　ISBN 978-7-5444-9846-3/G·8117
定　　价　48.00元

如发现质量问题，读者可向本社调换　电话:021-64377165